미세공격 주의보

미세공격 주의보

1판 1쇄 인쇄 2025. 4. 1.
1판 1쇄 발행 2025. 4. 10.

지은이 남대희

발행인 박강휘
편집 이정주 디자인 윤석진 마케팅 정희윤 홍보 이수빈, 반재서
발행처 김영사
등록 1979년 5월 17일 (제406-2003-036호)
주소 경기도 파주시 문발로 197(문발동) 우편번호 10881
전화 마케팅부 031)955-3100, 편집부 031)955-3200 | 팩스 031)955-3111

값은 뒤표지에 있습니다.
ISBN 979-11-7332-174-0 03300

홈페이지 www.gimmyoung.com   블로그 blog.naver.com/gybook
인스타그램 instagram.com/gimmyoung 이메일 bestbook@gimmyoung.com

좋은 독자가 좋은 책을 만듭니다.
김영사는 독자 여러분의 의견에 항상 귀 기울이고 있습니다.

미세공격 주의보

남대희 지음

출세보다 상처받지 않는 것이
목표가 된 이유

Microaggression
Watch

김영사

프롤로그　　**문제 삼을**

　　　　　　정도는 아닌데

　　　　　　왠지 기분 나빠

"승진하고 싶은 마음도 없어요. 그냥 좀 덜 상처받으며 일하고 싶어요."

이 책을 쓰는 내내 귓가에 맴돌았던 한 직장인의 말이다. 나는 대기업 임원, 경제 부처 공무원, 언론사 기자 등 다양한 분야에서 일하며 일터에서 벌어지는 여러 현상을 목격해왔다. 그중에서도 왜 요즘 직장인들 사이에서 회사에 슬며시 정을 떼고 최소한만 일하는 '조용한 퇴사'가 확산하는지 관심을 가지고 지켜봤다. 그렇게 그들을 관찰하고, 다양한 기사와 리서치를 찾아보고, 직접 인터뷰를 진행하며 이유를 진단할 수 있었다.

과거와 현재 직장 생활에서 좌절하는 지점은 다르다. '라떼는' 만연했던 선배의 선 넘는 질타와 거친 언행은 많이 줄어들었지만, 조직에서 받는 상처는 질량 불변의 법칙을 따르고 있다. 2019년 근로기준법에 '직장 내 괴롭힘의 금지'가 신설된 후 노골적인 욕설이나 비난은 확연히 감소했고, 오히려 선배가 후배 직원의 눈치를 보는 경우가 많아진 것이 사실이다. 그럼에도 불구하고 왜 직장인들은 여전히 더 크게 상처받고 회사에서 조용히 마음을 닫는 걸까? 직장인들 가슴에는 '조용한 좌절'이 쌓이고 또 쌓여서 눈덩이처럼 불어나고 있는데, 왜 회사와 경영진은 '요즘 애들' 탓만 하는 걸까?

나는 조직에 미세먼지처럼 흩어져 있어 겉으로는 위험해 보이지 않지만, 일상에 불편을 주고 누적되면 개인과 조직에 커다란 영향을 미치는 미세공격에서 그 답을 찾을 수 있었다. 미세공격은 주류 또는 표준norm에 속하지 않는 사람들에게 무심코 가하는 모욕적이거나 차별적인 말과 행동을 의미한다. 일상적인 대화나 행동에서 자기도 모르게 나오는 은근한 무시나 무례함도 여기에 해당된다.

미세공격은 사전적으로는 의도와 무관하게 나타나는 미묘한 차별을 뜻한다. 미국에서 주로 유색인종, 성 소수자, 여성, 빈곤층 및 장애인에게 적용되어왔던 이 말은 더 이상 특정 집단에 국한된 것이 아니다. 일상의 어느 곳에서나 주류에 끼지 못하는 비주류가 있고, 이들은 배제되고 소외되며 존중받지 못한다는 불편한 감정을 느낀다. 피해자가 적극적으로 항의하기도 애매하고, 항의를 하더라도 '피해의식이 있다'라거나 '유난스럽다'라는 식으로 역공격당하기 쉽다.

인종과 국적 문제가 심각하게 다뤄지는 미국에서는 차별에 대한 오랜 사회적 논의를 거쳐 각자의 영역을 존중하도록 훈련받았다. 여기에 개인주의적 성향이 강해 각자의 특성이나 사고방식의 다름을 인정하고 포용하는 데 익숙하기도 하다. 반면 단일민족에 뿌리를 둔 우리 사회는 공동체를 중시하고 집단주의 성향이 강하며 서로 간의 공통점을 찾아 연대감을 느끼는 경우가 많다. 그렇다 보니 소수자에 대한 인정과 존중, 나와 다른 사람에 대한 인내심이 부족하며 다양한 문화나 사고방식에 대해서도 수용성이 떨어진다.

우리나라도 차별과 편견에 대한 감수성이 높아지고 있지만, 스스로를 주류라고 생각하는 집단이 은근한 선민의식과 오만함으로 군림하거나 교묘하게 차별하며 '그들만의 리그'를 이루는 경우는 오히려 늘어나고 있다. 자신도 모르는 사이 뼛속까지 각인돼 자동반사적으로 나타나는 편견 어린 사고와 행동도 일상의 곳곳에서 목격할 수 있다. 다만 가해자는 본인의 행동이나 말이 잘못된 줄 모르고, 피해자는 너무 사소한 일에 예민하게 반응하는 사람으로 비칠까 봐 내색도 못 하고 속으로 불쾌감을 쌓아둘 뿐이다.

직장에도 은밀하고 미묘한 공격이 안개처럼 깔려 있다. 대놓고 소리 지르거나 야단치는 것보다 더 상처가 되는 은근한 배제와 편 가르기, 조직이 선호하는 표준을 정해놓고 이와 다르면 비주류나 '아싸' 취급하는 것, MZ세대나 고령 직원, 여성, 비非명문대 출신 등 특정 집단에 대한 무의식적 편견과 평가절하 등이 직장 생활에서 마주하는 미세공격이다.

누군가는 각종 연줄과 인맥으로 승진이나 평가에서 보이지 않는 혜택을 싹쓸이하는데 나만 탈락한 것 같다는 느낌은 '명치를 한 방

얻어맞은 듯한' 충격이 된다. 주류에 치여 상처와 좌절을 경험하고 이것이 쌓여 분노와 포기로 이어지는 악순환도 나타나고 있다.

하버드대학교 교육대학원의 교육신경과학자 토드 로즈Todd Rose 는 사회적 거절이 아주 미세하게 벌어질 때조차 생명이 위협당할 때 와 맞먹는 스트레스를 준다고 했다.[1] 특히 코로나 19를 직격으로 맞 으며 사회 초년기를 고립감 속에서 보낸 1990년대 중후반생들은 가 벼운 소외, 작은 밀려남도 못 견딜 수 있다.

리얼리티 연애 프로그램 〈나는 SOLO〉에 20기 남성 출연자로 나 온 영철은 본인을 많은 것이 늦어진 '대기만성형'이라고 소개했다. 그는 어릴 적 미국 이민을 가서 언어가 서툴러 어려움을 겪었다. 미 국에서 사는 것은 한국에서 사는 것과 달리 산소가 부족한 고지대나 물 밑에서 사는 것 같았다. 미국에서 자신은 이방인이기에 "100미터 계주를 달린다면 마이너스 50미터에서 출발해야 했던 경험"이 많아 서 정상화하고자 노력해야 했다. 주류가 아닌 자의 삶을 담담히 털 어놓는 그의 말에서 지나온 세월의 애환이 느껴졌다.

마이너스 50미터에서 출발하는 것, 미세공격은 이런 것이다. 다 수이자 주류에 속한 이들은 숨 쉬듯 가볍게 하지만, 이 집단에 속하 지 않은 이들에게는 자동적으로 마이너스 50미터의 페널티가 주어 지는 일이다. 나로서는 영철의 경험을 모두 이해할 수 없지만, 노골 적인 폭력이나 공공연한 가해가 없더라도 살짝 스치는 차별 어린 말 투나 표정, 비주류는 끼워주지 않는 '닫힌 세상'이 얼마나 힘들고 지 치게 하는 일인지 잘 안다.

나는 대기업 임원으로 160명 정도 규모의 조직을 맡았을 때 구성원들을 3~5명 단위로 나눠 3년간 매주 돌아가며 '다양성 토크diversity talk'를 진행했다. 이 대화를 통해서 나이와 성별, 백그라운드와 상관없이 요즘 직장인들이 무엇 때문에 힘들고 무엇을 두려워하는지, 신입 사원 때 했던 생각들이 연차가 쌓이면서 어떻게 바뀌는지를 생생한 목소리로 들을 수 있었다. 본격적으로 이 책을 준비하면서는 다양한 업종의 대기업과 중견기업 임직원 20여 명을 심층 인터뷰했다. 더 다양한 직종에 있는 사람들의 목소리를 담지 못했지만 여기 실린 사연에 비추어 우리 각자가 자신의 상황을 돌이켜보기를 바라는 마음이 크다.

　이 책을 쓰면서 나도 미세공격의 피해자이자 가해자라는 점을 새삼 깨닫게 됐다. 여성이며 사회성이 부족하고 직장을 몇 번 옮긴 경력직 입사자인 탓에 항상 조직의 마이너리티라고 생각해왔지만, 미세공격을 탐구하면서 나 역시 누군가에게는 편견의 안경을 끼고 대했다는 것을 발견하고 반성했다. 독자들도 이와 같은 과정을 거치며 나도 모르게 갖고 있던 편향과 차별을 알아차리고 바꿔나갔으면 한다.

　미세공격을 하는 사람은 편견덩어리도, 눈에 띄게 차별을 많이 하는 사람도 아니다. 차별과 혐오에 반대하는 나, 내 옆의 동료, 어쩌면 우리 모두일 수 있다. 우리의 행동들로 개인뿐 아니라 조직의 에너지가 줄줄 새는 이유를 발견하고 그 대응 방안도 함께 모색해나갔으면 한다.

미세공격 자가 체크리스트

(회식에 자주 빠지는 직원에게) "퇴근 후에 늘 바쁘잖아?" "쟤는 사교성이 없어."

(혼자 밥 먹는 직원에게) 안쓰럽다는 표정을 짓는다.

(내향적인 직원에게) "쟤는 주변머리가 없어서 어쩌냐." "존재감이 없어."

(술 못 먹는 부서장에게) "일은 꼼꼼히 하는데 친화력이 떨어져. 부서를 잘 이끌 수 있겠나?"

(조용한 남성 직원에게) "남자애가 왜 이리 매가리가 없니?"

(남자 간호사에게) "어머, 남자분이 간호사이시네….”

(연차를 쓰려는 직원에게) "항상 주말에 붙여서 (휴가를) 쓰네." "한창 바쁠 때인데….”

(경력직 입사자에게) "우리 회사를 잘 몰라서 그러는데….” "처음 오셨으니 한 6개월은 적응하며 쉬엄쉬엄 일하세요."

(2030 직원에게) "요즘 애들은 유리 멘탈이야. 열심히 하려는 마음 없이 예민하기만 해."

(새로운 시도를 하려는 직원에게) "해본 적 없잖아. 성공할 수 있겠어?" "잘못되면 당신이 책임질 거야?"

(저연차 직원에게) "네가 이 아이디어를 냈다고?" "이 일을 할 수 있을지 모르겠네."

(고령 직원에게) "짬밥이 얼만데 그것도 못 해?" "우리 부서에는 '형님(임금피크제를 적용받으며 일은 안 하면서 불평만 많은 선배를 이르는 은어)'이 너무 많아."

(승진을 앞둔 직원에게) "자네는 나이가 어리잖아."

(아이가 있는 여성 직원에게) "아이는 어떻게 하고 일하러 왔어요? 대단해요."

(아이가 아파서 조퇴하는 여성 직원에게) "아이가 자주 아프네?"

(여성 간부에게) "당신은 카리스마가 부족해."

(여성 사장에게) "사장님과 직접 얘기하고 싶어요."

(채용 면접에서 경력직 여성에게) "혹시 결혼하셨어요? 출산 계획 있습니까?"

(인사이동을 앞둔 여성 직원에게) "여자니까 육아휴직을 자유롭게 쓸 수 있는 부서가 좋겠다."

(발표를 끝낸 여성 직원에게) "목소리가 너무 좋았어." "오늘 옷이 예쁘네."

(여성 직원에게) "여자라 감정 기복이 심하다." "상사가 여자라….""그 여자는 기가 너무 세." "여자가 화장을 안 하는 건 예의가 아니지."

(남성 직원에게) "남자답지 못하게 눈물이 많아." "남자가 왜 운전이 서툴러?" "남자 선배가 여자 후배랑 단둘이 밥 먹는 건 이상해 보인다."

1부

Microaggression
Watch

미세공격
주의보

모두가 나이스하지만
은근히 무례한 시대

내가 인터뷰했던 직장인들을 압도한 조직 내 공격은

결코 대단한 전쟁이나 폭탄이 아니었다.

그보다는 알게 모르게 스치듯 지나가는 작은 사건들이

끊임없이 축적되면서 가슴에 굳은살처럼 박힌 것이었다.

1장

사소해 보이지만

전혀

사소하지 않은 일들

쿨함 콤플렉스

2024년 6월 잉글랜드 프리미어리그 토트넘 홋스퍼 FC의 주장 손흥민 선수는 같은 팀 동료인 로드리고 벤탄쿠르Rodrigo Bentancur에게 인종차별적 발언을 들었다. 벤탄쿠르는 당시 고국 우루과이의 한 텔레비전 프로그램에 출연해 손흥민의 유니폼을 요청하는 쇼 진행자에게 "손흥민 사촌의 유니폼은 어떠냐? 손흥민이나 그의 사촌이나 모두 똑같이 생겨서 모를 것이다"라고 답했다. 이는 손흥민을 포함한 아시아인의 얼굴이 모두 비슷하게 생겼다는 의미의 발언으로, 주로 서양에서 동양인을 비하할 때 이런 식으로 말한다. 쇼 진행자 역시 벤탄쿠르의 말을 아무렇지 않게 넘기며 자신들의 발언에 문제가 있다는 점을 인지하지 못하는 모습을 보여주었다.

벤탄쿠르는 자신과 다르다는 이유로 상대방을 노골적으로 깎아내렸다. 이렇듯 벤탄쿠르가 대놓고 상대방에게 위해를 가하는 발언을 했다면, 쇼 진행자는 벤탄쿠르의 발언을 듣고도 제지하거나 반박하지 않고 묵시적으로 동의하는 모습을 보여주었다. 이에 더해 팀에서 발생한 인종차별에 침묵하다 논란이 거세지자 뒤늦게 대응에 나선 토트넘의 태도는 노골적인 공격 행위는 아니지만 은근하고 교묘한 방식으로 손흥민에게 상처를 주었다. 토트넘은 별다른 입장을 내지 않고 침묵으로 일관하다 닷새가 지난 뒤에야 "어떤 차별도 용납될 수 없다"라는 입장문을 냈다.

벤탄쿠르가 한 발언이 일종의 거대공격이라면 쇼 진행자와 토트넘의 행동은 미세공격이라고 할 수 있다. 차별적 발언에 대한 암묵적인 끄덕임, 침묵과 외면은 직접적인 공격 행위에 비해 겉으로 드러나는 현상은 경미해 보이지만 그 행동에 담긴 뜻과 여파는 결코 작지 않다. 미세공격은 누군가의 뺨을 때리듯 만천하에 공개하는 요란한 공격은 아니지만, 상대방에게 은밀하고 조용한 고통을 주는 것이다.

논란이 커지자 벤탄쿠르는 사과했고, 손흥민은 "그가 실수했고 내게 사과했다. 우린 형제다"라고 쿨한 입장을 밝혔다. 팬들은 손흥민을 "역시 대인배"라며 칭송했다. 하지만 손흥민으로서는 다른 선택지가 없었을 것이다. 경기를 이어가야 하는 상황에서 주장으로서 팀 내 균열을 빠르게 봉합할 필요가 있었고 리더로서 포용하는 모습을 보여야 했을 것이다. 여기서 손흥민이 구단 측에 징계를 요구하는 등 강경 대응에 나섰다면 구단은 난처해하거나 이슈가 증폭돼 더 불편한 상황을 맞이했을 공산이 크다.

모두가 손흥민에게 대범함을 강요하는 상황이었다. 미세공격의 피해자들은 본인이 입은 상처에 대해 드러내놓고 항의하거나 대응하지 못하고 '나는 쿨하니까'라며 대범하게 넘겨야 하는 상황으로 몰린다. 미세공격이 실상은 큰 여파를 남기는 데 비해 아무것도 아닌 양 지나치고 묵인하는 경우가 많은 이유도 여기에 있다.

우리 사회는 쿨함을 미덕으로 여긴다. 〈쿨하지 못해 미안해〉라는 노래가 있을 정도이다. 쿨하지 못한 사람에게는 찌질하다, 질척댄다라는 등의 수식어를 붙이고 뒤끝 있다고도 한다. 이러한 '쿨함 콤플렉스'는 미세공격에 힘을 실어준다. 상사가 미워해도, 자신의 발언이 묵살돼도 '나는 괜찮아'라며 쿨하게 다시 일어서고 상대방이 편견을 담아 던진 한마디에 좀처럼 동요하지 않는 것이 미덕이자 사회생활의 기술로 여겨지고 있다.

미세공격의 피해자들이 쿨함을 강요받는 데는 이유가 있는데, 귀인의 모호성ambiguity of attribution에서 그 원인을 찾을 수 있다. 모든 사건이 그 원인을 확실하게 지목할 수 있는 것은 아니다. 때로 누군가 차별의 여지가 있는 발언을 내뱉어도 그것이 의도적인지, 아니면 악의 없이 자기도 모르게 한 것인지 판단하기 어렵다. 인과가 모호하기 때문에 피해자는 실제로 부당한 대우를 받은 경우에도 자신이 과민 반응을 하는 것이라 생각하기 쉽고 자신의 경험을 타인에게 설명하기 어렵다고 느낀다. 손흥민 역시 평소 친했던 벤탄쿠르가 내뱉은 발언의 동기를 복잡하게 찾는 것이 어려워 문제를 키우지 않기로, 나아가 쿨한 모습을 보이기로 결심했을 것이다.

직장에서도 귀인의 모호성은 자주 목격된다. 내가 인터뷰한 많은 직장인이 상사의 말이 칭찬인지 욕인지, 친근감의 표시인지 친근함을 가장한 돌려 까기인지 헷갈릴 때 마음이라도 편하려고 애써 긍정적으로 해석한다고 고백했다. "어휴, 예쁜데 일도 잘하네." "여자인데도 리더십이 있어." "(업무) 경험도 없는데 잘했어." "너는 이런 거 이해해줄 사람이니까." "너는 윗사람 마음을 사로잡는 기술이 있으니까." 이와 같이 칭찬처럼 들리는 말들이 진짜 칭찬이 아닌 경우가 많다.

쿨함을 강요받아온 직장인들로서는 얼핏 사소할 수 있는 일에 문제를 제기하거나 정색을 하는 것이 모양 빠지는 일로 보인다. 그래서 애써 괜찮은 척 넘어가고 불편한 기색을 감춘다. 그렇다고 실제로 마음에 상처를 입지 않는 것은 아니다. 누구한테도 말 못 할 수치심과 모멸감을 느끼기도 하고 다시는 가해자와 마주치고 싶지 않을 수도 있다. 그런데도 겉으로는 쿨해 보이는 가면을 쓰고 조직이 원하는 무던한 사람 역할을 해낸다. 그래야만 직장 내에서 까다롭지 않은 사람, 불편하지 않은 사람, 친해져도 괜찮은 사람이 되기 때문이다.

대기업의 한 여성 부장은 "7~8년 전 연구소에서 직장 내 여성 인력 육성 방안에 대한 인터뷰를 요청해왔는데, 여성으로 차별받았던 적이 있느냐는 질문에 별로 없었다고 답변했다"라며 "지금 와서 생각해보니 당시 나는 차별적 대우를 아무렇지 않게 넘기는 '쿨한 여자'가 되고 싶었던 것 같다"라고 털어놓았다. 그는 또 "실제로 일상에서 매번 쿨한 척을 하다 보니 사소한 공격에는 마음을 다치지 않은 양 행동하는 게 습관이 됐다"라고 덧붙였다.

명치를 한 방 세게 맞은 듯한

독일 최초의 여성 총리로 세계사에 굵직한 자취를 남긴 앙겔라 메르켈Angela Merkel은 2023년 독일 통일 33주년을 맞이해 진행한 방송 인터뷰에서 옛 동독 출신으로서 차별을 느꼈음을 솔직하게 털어놓았다. 특히 독일의 한 정치재단이 펴낸 책에서 동독 출신이라는 자신의 배경을 '쓸모없는 짐ballast'으로 표현한 것에 대해 "명치를 한 방 세게 맞은 듯했다"라며 "동독에서의 삶은 내 정체성의 일부"라고 반박했다. 동독 출신에 대한 차별을 정면으로 지적한 것이다.[1]

독일 사회에는 동독 출신Ossis과 서독 출신Wessis 사이에 여전히 차별과 선입견이 존재한다. 1990년 독일 통일 이후에도 완전히 해소되지 않은 사회적, 경제적, 문화적 차이에서 비롯된 것인데, 서독 지역에 비해 경제적으로 뒤처져 있던 동독 지역 출신에게 종종 게으르거나 능력이 부족하다는 선입견이 따라다닌다. 서독 출신이 동독 출신을 불신하거나 경시하는 경우가 있고, 동독 출신은 자신을 '독일인'이기보다는 '동독인'으로 인식하며, 서독인과의 관계에서 소외감을 느낀다. 독일 공영방송 ZDF의 설문조사 결과 동독 지역 출신의 절반 정도가 여전히 2등 시민 취급을 받는다고 느끼는 것으로 나타났다. 동독 출신에겐 자신의 출발점이 결함으로 여겨지는 것이다.

독일 정치사에서 메르켈은 동독 출신 여성이자 정치계에선 흔치 않은 과학자 경력을 보유한 '3중의 아웃사이더'였다. 그러나 정치에 입문한 후 단 한 번도 부패 사건에 연루된 적이 없고, 각종 여론 조사마다 '세계에서 가장 신뢰받는 정치 지도자'로 꼽혔다. 그런 그도 누군가가 정해놓은 주류의 바운더리에 속하지 못해 속으로 충격과 수모를 삼켜왔던 것이다. 그는 총리 시절에 왜 동독 출신임을 드러내지 않았느냐는 질문에 "나는 항상 내가 모든 독일인의 총리라고 생각했다"라며 "동독 배경을 강조하는 것이 또 다른 낙인이 될 것을 우려했다"라고 털어놓았다.

우리나라에도 출신 지역에 따른 차별을 쉽게 볼 수 있다. 대표적으로 사투리를 지우며 '서울말'을 쓰기 위해 애쓰고, 남들에게 '서울 사람'처럼 보이는지를 수시로 체크하는 경우를 들 수 있다. 강정운 창원대학교 명예교수는 신문 칼럼에서 서울도 지방인데, 서울을 중앙으로 인식하고 서울 외에는 모두 지방으로 보는 경향이 있다고 지적했다. 우리가 아무 생각 없이 지방이라는 용어를 사용하는 가운데, 지역 간 불균형과 편견은 심화할 수 있다는 것이 그의 이야기이다.[2]

많은 사람이 '지방'과 '지역'을 혼동해서 쓴다. 반드시 비수도권을 비하하려는 의도를 가지고 그러는 것은 아니다. 그냥 습관적으로 아무 생각 없이 지방이라는 용어를 사용한다. "고향이 어디야? 서울이야, 지방이야?"라는 식이다. 그런데 의도하지 않고 쓰는 이 용어에 편견과 차별이 내재해 있고 누군가는 박탈감을 느낀다.

젠슨 황의 가죽 재킷

전 세계에서 주목받고 있는 젠슨 황Jensen Huang 엔비디아 최고경영자는 항상 가죽 재킷을 입는다. 여름철 무더운 날씨에도 가죽 재킷을 벗는 법이 없다. 그가 사시사철 무겁고 바람도 안 통하는 불편한 가죽 재킷을 고집하는 것을 두고 《뉴욕타임스》는 "가죽 재킷은 독립심, 탁 트인 도로(개방성), 반항심을 연상시킨다"라고 했다.[3]

만화 캐릭터나 슈퍼 히어로처럼 매일 같은 옷을 입는 것은 실리콘밸리뿐 아니라 거의 모든 분야에서 고유한 이미지와 정체성을 만드는 지름길이다. 물론 매일 내려야 할 결정 중 하나를 줄이기 위해 같은 스타일의 옷을 입는 경우도 있다. 스티브 잡스Steve Jobs 애플 창업자는 항상 검은색 터틀넥 스웨터에 청바지를 입었고, 마크 저커버그Mark Zuckerberg 메타 최고경영자는 '회색 티셔츠 룩'을 고집하는 것으로 유명하다. 이들은 어떤 옷을 입을 것인지와 같은 사소한 결정에 시간과 에너지를 허비하지 않겠다는 뜻을 내비치기도 했다. 하지만 정말 이게 전부일까?

세계 저명 인사들이 모여 글로벌 정치·경제 이슈와 각종 사회 문제를 논의하는 세계경제포럼World Economic Forum, WEF은 2024년 여성과 흑인 차별의 온상이라는 폭로에 직면했다.《월스트리트저널》은 1971년 세계경제포럼 창립 후 50여 년간 회의를 성공적으로 이끌어온 독일 출신의 경제학자 클라우스 슈바프Klaus Schwab 회장이 임신한 직원을 예전만큼 성과를 낼 수 없다며 쫓아내는 등 사무국 직원 중 최소 6명이 임신과 출산 후 경력을 제대로 이어갈 수 없었다고 보도했다.[4] 덧붙여 슈바프 회장이 고령의 직원을 해고하라고 지시하고, 이유 없이 흑인 직원을 업무에서 제외하고 비하하는 표현을 사용했다는 증언도 나왔다. 범세계적 경제 문제에 대해 토론하고 국제적 실천 과제를 모색하는 국제민간회의체인 세계경제포럼은 겉으로는 포용과 공정을 내세우면서 안으로는 그들이 표방하던 가치와 전혀 딴판의 세상을 만들어온 것이다.

개인이나 집단이 권력을 지니고 주류 노릇을 하며 비주류나 소수자를 마음대로 무시하고 함부로 대하는 모습을 정치, 경제, 사회, 문화 등 다방면에서 볼 수 있다. 미국의 유력 매체인《워싱턴포스트》는 코로나 19가 시작되자 도널드 트럼프Donald Trump 당시 미국 대통령이 모든 책임을 특정 인종에게 전가하려 한다고 지적한 바 있다. 미국 대통령이 '쿵 플루kung flu(중국 전통무예 쿵후Kungfu와 독감flu의 합성어)'나 '중국 바이러스Chinese virus'라고 반복해서 이야기하면서 아시아계 미국인에 대해 미국 사회에 융화하지 못하는 비주류, 전염병이나 옮기는 민족이라는 고정관념을 유포했다는 분석이다.[5]

유명 정치인이나 리더가 혐오와 차별의 관점을 빈번하고 공개적으로 표출하면 비슷한 생각을 가졌던 시민들이 거리낌 없이 차별에 동조할 수 있게 된다. 합당한 이유도 없이 일어나는 일련의 혐오 범죄는 미국 사회 안에서 비주류의 지위가 얼마나 나약한지 보여준다.

젠슨 황이 선택한 유니폼은 영화 〈이유 없는 반항〉의 제임스 딘James Dean, 〈와일드 원〉의 말런 브랜도Marlon Brando가 남성적이고 반항적인 매력을 보여주기 위해 입었던 가죽 재킷이다. 자기만의 세계에 빠진 '테크 너드tech nerd'나 고분고분한 모범생으로 투영되는 기존의 아시아계 기술자 이미지와는 상반된 유니폼을 선택한 것은 백인 중심의 실리콘밸리에서 도전적이고 자신감 넘치는 리더로 인정받기 위한 전략일 것이라는 추측이 많다.

1963년 대만 남부 타이난에서 태어나 9세에 미국으로 이민을 간 그도 켄터키주의 한 시골에서 학창 시절을 보내면서 〈나는 SOLO〉 20기 영철과 같은 마이너스 50미터의 출발선을 수도 없이 경험했을 것이다. 그는 파블로프의 조건반사처럼 가죽 재킷을 통해 거침없이 질주하는 기업가 이미지를 연상시키는 데 성공한 것 같다.

2장 미세공격은

무엇이며

왜 일어나는가

뺨을 때리는 거대공격, 상처를 문지르는 미세공격

미세공격은 1970년대 정신과 의사이자 하버드대학교 교수 체스터 피어스Chester Pierce가 아프리카계 미국인이 겪는 경험을 설명하기 위해 처음 사용한 개념이다. 아주 작은 것을 의미하는 'micro'와 공격을 의미하는 'aggression'의 합성어로, 의도하든 의도하지 않았든 상대방을 미묘하게 깎아내리는 언어와 행동을 뜻한다. 타인을 은근히 무시하고 모욕하거나 배척하고 제외하는 행위도 해당된다. 지하철에서 유색인종의 옆자리를 피한다거나, 마트 직원이 흑인 손님 근처에 머물며 은근슬쩍 감시하는 행동이 여기에 속한다.

이 용어가 처음 등장했을 때는 인종차별에만 초점이 맞춰졌지만, 점차 사회의 모든 소외 집단 또는 약자가 생활 속에서 겪을 수 있는 크고 작은 차별을 포괄하는 광범위한 개념으로 확대되었다. 컬럼비아대학교 교수이자 심리학자인 데럴드 윙 수Derald Wing Sue가《미세공격》에서 개념과 이론을 폭넓게 발전시켰다.[6]

많은 이론가는 '미세micro'하다는 표현이 '일상적인everyday'의 동의어로서 사용된 것이지, 사소하다는 뜻은 아니라고 말한다. 피해자가 눈물을 줄줄 흘리며 고통을 호소하게 하는 떠들썩한 사건이 아니라 우리 눈에 잘 띄지 않지만 도처에 퍼져 있고 일상적으로 반복되는 미묘한 공격을 뜻한다. 공격성의 표시가 너무 은밀하고 교묘해서 타인은 못 알아차리는 경우가 많다.

전 국가대표 축구선수 이영표는 MBC의 예능 프로그램 〈라디오스타〉에서 "유럽에서 한국 축구에 대해 인정하지 않던 2000년대 초반에는 (유럽) 선수들이 패스도 안 해줬다. 유럽 선수들은 아시아 선수가 자신들과 실력이 비슷하면 자국 선수에게 기회를 주었다. 아시아 선수가 유럽에서 뛰려면 유럽 선수보다 능력이 훨씬 우위에 있어야만 했다"라고 말했다. 팔은 안으로 굽듯 같은 유럽 선수들끼리만 서로를 챙기며 골 득점의 기회를 나눠 가졌던 것이다.

몸을 심하게 밀치거나 태클을 거는 것과 달리 공을 패스해주지 않는 것은 경고의 대상이 아니다. 반복적으로 유심히 보지 않는다면 문제로 느끼지 못할 수 있다. 유럽 관중이라면 더더욱 아시아 선수들의 패스 소외를 눈치채지 못했을 것이다.

일본 철학자 나카지마 요시미치中島義道는 "착한 사람이라는 이름의 약자는 자신이 속한 공동체에서 배제되는 일을 진심으로 두려워하기 때문에, 그게 뭐든 자신이 현재 속한 공동체의 방침에 어느새 동참하게 된다"라고 했다.[7] 그리고 차별에 대해 "단순히 타인을 불쾌하게 여기고, 싫어하고, 경멸하고, 두려워하는 것만이 아니다. 그 배경에는 자기 자신을 자랑스럽게 여기고 싶고, 우월감을 느끼고 싶고, 더 좋은 집단에 소속되고 싶다는, 즉 '보다 나은 존재가 되고 싶다'는 바람이 단단하게 결합되어 있다"라고 설명했다.[8] 동조자가 많은 집단에서는 서로에게 차별의 감정을 배우며 확대재생산한다. 유럽 선수들의 우월감도 이런 맥락을 거쳐 확고하게 구축되었을 것이다.

차별이나 편향이 나쁘다는 것은 모두가 알기 때문에 오늘날의 차별은 이전보다 가시성이 떨어지고 모호하다. 당하는 입장에서는 한순간에 지나가고 곱씹기엔 사소해서 공격 자체를 인지하지 못하기도 한다. 때론 알아차리더라도 별것 아닌 양 넘어가야 하는 상황에 몰린다. 쿨한 사람 콤플렉스로 기분이 나빠도 못 본 척, 못 들은 척 외면하고 일상을 이어간다.

데럴드 윙 수 교수는 조직적이고 사회적인 맥락에서 이루어지는 소외 집단에 대한 모욕과 위협을 거대공격으로 보고 이와 달리 개인의 편향에 의해 작동하는 언어적, 비언어적 모욕 행위를 미세공격이라고 정의했다. 나는 분류 기준을 보다 단순화하여, 사진에 또렷하게 담기듯 누가 봐도 명백하고 녹음기에 남기듯 누가 들어도 분명한 말이나 행위를 거대공격으로, 누군가에게는 전혀 보이거나 들리지 않을 정도로 은밀히 이루어지는 모욕을 미세공격으로 정의해보았다.

누구도 토를 달기 어렵게, 딱 봐도 문제인 거대공격과 달리 미세공격은 보는 사람에 따라 문제가 있어 보이기도 하고 없어 보이기도 하는 복잡미묘한 행위이다. 그러다 보니 범위가 넓고 경계도 명확하지 않다. 어느 시점, 어느 장소, 어느 누군가에는 일상적인 말로 여겨지는 것이 다른 시점, 다른 장소, 다른 누군가에는 공격이자 모욕이 된다. 거대공격이 분명하게 상처를 낸다면 미세공격은 은밀하고 교묘하게 상처를 문지른다. 누군가를 세게 때리지는 않았다고 해서 용인되는, 강도나 세기의 문제가 아니다.

편견의 대상이 되는 비주류는 종종 비의도적이고 미묘한 차별도 간파해낸다. 하지만 미세공격을 반복해 겪다 보면 일상이 되어서 나중엔 차별이라고 느끼지도 못할 정도가 된다.

차별하기엔 너무 도덕적인 인간

사람의 생각은 두 갈래로 나뉜다. 하나는 노력이 수반되는 의도적인 생각이고, 다른 하나는 즉각적이고 자동적인 생각이다. 처음 운전할 땐 정신을 바짝 차리지만 늘 가던 길에선 딱히 생각하지 않고도 좌회전과 우회전을 할 수 있다. 의도를 갖지 않아도 거의 무의식적으로 움직인다. 무의식에 깊이 잠복해 있는 생각은 그것이 존재한다는 사실조차 잊어버릴 때가 많다. 동의하지 않아도 습득되는 문화적 행동 양식이나 관습, 고정관념이 여기에 속한다.

많은 경우 미세공격의 가해자는 자신이 무슨 짓을 했는지 잘 알지 못한다. 대부분 고의성 없이 무의식적으로 튀어나온 말이나 행동이 상대방에게 상처를 준다. 사회문화 탓이든 자라온 환경 탓이든 잘못된 고정관념과 편견이 뼛속까지 박혀 있어서 자신의 행동이 모욕이나 무시, 차별을 담고 있다는 사실을 아예 인지하지 못하고 거의 자동적으로 미세공격을 한다. 무심코 내뱉은 말이나 혼잣말, 표정도 예외가 아니다. 물론 오만과 독선에 빠져 상대방을 교묘하게 괴롭히는 사람도 있지만, 무심코 한 말에 개구리는 맞아 죽는 경우도 많다.

인종이 다양한 국가에서는 자신도 모르는 사이에 흑인을 보고 직업이 변변치 못할 것으로 생각하거나 백인보다 범죄자일 가능성이 크다고 선입견을 갖는다. 직장에서 여성을 보면 남성보다 지위가 낮을 것이라고 생각하고 나이가 어리면 무조건 서투를 것으로 단정하는 등의 자동반사적인 사고방식도 존재한다.

미국의 한 흑인 소아과 인턴은 중환자실에 들어가기 위해 감염방지용 장비를 착용하던 중 간호사가 문을 열고 쓰레기통을 건넸다는 일화를 전했다. 이 의사의 당황한 눈빛을 알아차린 간호사는 쓰레기통을 내려놓고 "오, 당신이 의사군요"라고 했다고 한다. 2020년 미국 샌프란시스코에서 아시아계 미국인 후아닐로는 자신의 집 담벼락에 "흑인의 생명은 중요하다BLACK LIVES MATTER"라는 문구를 써넣다 백인 이웃의 제재를 받아야 했다. 화장품 회사의 최고경영자로 알려진

이웃은 후아닐로가 그 집에 살지 않을 것이라고 단정하고, 남의 집 담벼락에 낙서하지 말라고 경고했다. 결국 경찰관이 와서 후아닐로가 거주자임을 확인한 뒤에야 끝난 이 소동은 후아닐로의 소셜미디어를 통해 전 세계에 알려져 공분을 샀다.

대부분의 백인은 절대 인종차별에 가담하지 않는다고 자신한다. 주류 집단은 살면서 차별을 크게 생각할 필요가 없었고, 그것을 의식하지 않아도 되는 상황에서 살았다. 이들은 무심코 비주류 집단을 열등하게 대하거나 당연한 듯 기회를 빼앗고 불리한 처지에 놓이게 한다. 위험하게도 의식 수준에서는 존중과 평등을 내세우지만, 무의식 수준에서는 무시와 차별을 드러낸다. 잘 드러나지 않기 때문에 자신이 차별에 가담하고 있다는 사실도 깨닫지 못한다.

"넌 아직 사귀는 사람 없니?" "공부는 잘하니?" "노래 한가락 해봐라." 어린 시절 친척 집에 가면 어르신들에게 한 번쯤 들어봤을 말들이다. 이 말들도 미세공격의 여러 형태이다. 의당 일정 나이가 되면 결혼을 해야 하고 공부는 잘해야 하고 어른은 아이에게 무엇이든 시켜도 괜찮다는 식의 관습적 사고방식이 타인에 대한 존중을 잊어버리게 만든 것이다. 아이 중에 이와 같은 말을 긍정적으로 받아들이는 경우는 거의 없고 대부분 친척 집 가기를 꺼리게 된다. 이처럼 일상 속에서, 지나가듯, 소소하게 일어나는 미세공격을 모두가 어릴 때부터 어떤 형태로든 경험해왔다.

물론 비의도적이거나 선의에서 출발한 미세공격만 있는 것은 아니다. 언젠가부터 만연해진 무한 경쟁과 승자 독식의 분위기에 탈진

한 사람들은 상대적 박탈감과 소외감, 노력해도 소용없다는 무력감에 빠졌고 이것이 타인을 향한 비난과 혐오로 이어지고 있다. 안타깝게도 비난의 화살은 자신보다 약한 집단을 향하는 것이 일반적이다. 나보다 못 가진 자, 지위가 낮거나 소수 집단에 속한 자를 은근히 차별하고 배제하면서 우월감을 느낀다.

많은 사람이 일상에서 아무것도 아닌 일로 타인을 경멸한다. 좋은 것과 싫은 것을 내키는 대로 구별하고, 싫은 것은 점차 밀어내는 배제와 선 긋기의 관계망에서 무엇이 옳고 그른지에 대한 판단력을 상실하고 편견에 빠져든다.

폭우보단 가랑비, 사이렌보단 백색소음 9

미세공격이 해로운 이유는 얼핏 보면 사소한 것이 일상적으로 누적되면서 2차, 3차 파급 효과를 내고 그 여파가 눈덩이처럼 커진다는 점이다. 굳이 자신이 당한 미세공격을 하나하나 끄집어내 되새기지 않더라도 가랑비에 옷이 젖듯 어느 순간 반복과 누적에 의해 상당한 영향을 받게 된다.

내가 인터뷰했던 직장인들을 압도한 조직 내 공격은 결코 대단한 전쟁이나 폭탄이 아니었다. 그보다는 알게 모르게 스치듯 지나가는 작은 사건들이 끊임없이 축적되면서 가슴에 굳은살처럼 박힌 것이었다. 그들은 매일 출근할 때마다 실체를 알 수 없는 갑갑함을 느낀다고 했다. 사이렌보다는 백색소음에 가깝고 비바람보다는 안개나 미세먼지처럼 옅게 깔린 답답한 그 무언가가 회사에 가는 것을 전혀 즐겁지 않게 만든다.

가랑비가 온다고 차수벽을 치거나 배수로를 내고 빗물 터널을 만들지는 않듯 일상적으로 흔히 경험하는 미세공격도 별다른 대비책을 마련해두지 않고 대충 넘어갈 때가 많다. 일상적인 대화와 마주침 속에서 흔하고 자연스럽게 일어나는 일이어서 가벼운 실수 정도로 생각하며 지나치곤 한다.

그러나 이런 미세공격을 매일 경험한다면 어떨까? 평생 한두 번 겪는 것이 아니라 만성적으로 무시당하거나 조직에서 겉돈다면 과연 '괜찮다'라고 할 수 있을까? 자존심이 상하고 좌절하고 분노하는 동시에 정신적, 육체적 에너지가 상당히 축날 것이다. 당연하게도 일은 덜 열심히 하고 생산성은 떨어질 것이다. 1,000명의 직원 중 10퍼센트에 해당하는 100명이 그렇다면 그 여파는 상상 이상으로 커질 것이다.

미세공격은 잘 드러나지 않는 속성으로 두세 배의 사회적 전염성을 갖기도 한다. 슬쩍 무시하거나 넌지시 무례하게 대함으로써 주류의 오만함과 우월감을 과시하면서도 심각한 '나쁜 짓'을 하는 것은 아니라고 대충 넘어갈 수 있기 때문이다. 주류에 속한 이들끼리 눈빛이나 표정으로 암묵적 사인을 주고받으며 미세공격의 연대를 더 강화하기도 한다.

특정 집단을 향한 주변화와 무시가 일상적, 만성적으로 반복된다면 사회 전체의 에너지도 가차 없이 탕진되고 구성원들은 숨만 쉬고 있어도 힘들고 지치는 집단 피로에 빠져들 것이다. 엄청난 반항과 저항까진 아닐지라도 육체적, 정신적으로 소진되어 조직과 사회에 대한 무관심과 냉소로 이어지기도 한다. 조용한 퇴사도 이러한 맥락에서 이해할 수 있다.

미세공격은 집단보다는 개인 차원의 문제라고 생각하기 쉽지만 그렇지는 않다. 집단 전체에 편견이 스며들어 있는, 상대적으로 미세공격 지수가 높은 집단이 존재한다. 타인에 대한 배려가 몸에 밴 사람들도 이런 집단에 속해 있다 보면 차별적인 행동에 젖어들 수 있다.

대다수 조직은 여성이 남성과 다르게 대우받는 것은 옛일이라고 치부한다. 조직은 오로지 성과주의에 따라 남녀 구분 없이 공정하게 평가하며 동등한 성장의 기회를 준다고 인식한다. 여성이 승진하지 못하는 이유는 여성 스스로의 한계 설정이나 능력 부족일 뿐, 편견이나 기업문화 탓은 아니라는 것이다. 대부분의 직장은 남성에 의해, 남성 중심으로 만들어져 여성들이 부딪히는 장벽이 무수히 많지만 말이다.

종이 컷이 반복된다면

미세공격은 종종 반복적인 찌르기나 '천 개의 상처a thousand cuts'에 비유된다. 책이나 문서를 정리하다가 종이에 손이 베였다고 해보자. 따끔하고 피가 조금은 나겠지만 비명을 지르거나 응급실로 달려갈 만한 상황은 아니다. 당장 화가 폭발하거나 종이에 베인 일이 하루 종일 머릿속을 맴돌지 않을 것이다.

그런데 하루에도 수십 차례 또는 매일 반복해서 종이 컷을 당한다고 상상해보자. 신경 쓰이는 정도가 아니라 노이로제에 걸릴 만한 일이다. 종이만 봐도 두렵고 긴장될 것이다. 언제 어디에서 또 당할지 모르겠고, 계속해서 당할 것 같다는 생각이 든다. 남들은 그깟 종이 한 장에 공포를 느끼느냐고 비웃을지 모르지만 반복적, 누적적으로 당한 사람에게는 트라우마가 될 수밖에 없다. 결국 상처, 고통, 분노로 이어지고 피해자는 종이를 피하려고 할 것이다.

미세공격의 여파도 비슷한 방식으로 쌓인다. 한두 번은 그럴 수 있더라도 미세먼지가 자욱한 지역처럼 미세공격이 빈번하게 발생하는 곳에서 하루 종일 일해야 하는 사람이라면 언어와 행동에 의한 정신적 베임을 감당하기 어려울 것이다. 작은 상처도 반복되고 누적되고 만성화된다면 더 이상 작은 것일 수 없다.

"어디 출신인가요?"

"뉴저지주 출신이에요."

"진짜 고향이 어디라고요?"

"뉴저지주 남부예요."

"아니, 원래 어디 출신이냐고요."

아시아계 미국인들이 종종 직면하는 상황이다. 이미 출신 지역을 말했는데도 계속해서 같은 내용을 되묻는 것은 "솔직히 너 어디에서 왔어? 여기 출신 아니잖아"라고 말하는 것과 비슷하다.

이런 질문을 반복해서 듣는다면 자신이 이방인처럼 느껴질 것이다. 외모와 상관없이 법적으로나 문화적으로나 미국인인데 사람들이 자꾸 영어를 잘한다고 칭찬하거나 어디에서 왔느냐고 물어보면 정체성이 흔들리는 느낌이 들 것이다.

직육면체의 조각들을 탑처럼 쌓아 젠가를 한다고 상상해보자. 물론 탑을 무너뜨리는 가장 쉬운 방법은 중심부를 쾅 쳐서 한순간에 와해시키는 것이다. 한 조각씩 살살 빼내면 의외로 오래 버티긴 한다. 하지만 젠가를 해본 이라면 누구나 알 것이다. 처음엔 몇 조각이 빠진 채로도 흔들림 없어 보이지만 구멍이 야금야금 뚫린다면 머지않아 와르르 무너진다는 것을. 강력한 한 방에 비해 조금씩, 하지만 지속적으로 갉아먹는 구멍이 타격감이 덜하다고 누가 말할 수 있겠는가.

3장   미세공격은

얼마나 광범위하게

퍼져 있는가

미세폭력, 미세모욕 그리고 미세부정

데럴드 윙 수 교수는 미세공격을 미세폭력, 미세모욕 그리고 미세부정의 세 유형으로 나누어 설명한다.[10]

미세폭력microassault은 의도적으로 행해지는 노골적인 차별이라고 할 수 있는데, 인종차별적 발언, 성차별적 농담과 같이 명백한 공격적 행동을 포함한다. 대표적인 사례로 아프리카계 미국인을 '검둥이'라고 부른다든지, 차분하고 내성적인 남학생에게 "너 게이야?"라고 하며 괴롭히는 것을 들 수 있다. 특히 사회가 강요하는 '남성성'을 따르지 않는 남성을 '게이'라고 지칭하는 것은 성에 대한 고정관념을 유포할 뿐 아니라 성 소수자에 대한 차별로도 읽힐 수 있다. 사회의 감수성이 발달하면서 이런 공공연한 공격 행위는 줄어들었지만, 여전히 사라지지 않고 있다.

미세모욕microinsult은 의도적이지는 않지만 조심성의 부족이나 둔감함으로 상대방에게 모욕적인 발언이나 행동을 하는 것이다. 자기도 모르게, 거의 무의식적으로 일어나는 경우가 많다. 방탄소년단 멤버들에게 미국인이 "왜 이렇게 영어를 잘해?"라고 묻거나 여성에게 "여자가 운전을 잘하네"라고 말하는 것도 특정 집단을 비하하거나 능력을 폄하하는 발언이다.

가장 심각한 건 미세부정microinvalidation이다. 피해자의 경험을 '설마' '믿을 수 없는 일' 또는 현실 왜곡이나 오해로 치부하고 피해자가 문제를 제기하면 신경과민이나 피해망상으로 역공격한다. 원인 제공자보다는 아무것도 아닌 일에 과잉 반응한 피해자가 문제라고 화살을 돌리고 그들의 경험 자체를 없는 것으로 취급하는 미세부정은 피해자를 가장 힘들게 하는 요인이다. "누구나 성공할 수 있어. 장벽은 없어"라고 말하며 구조적 불평등을 부정하는 것, "내 눈에는 피부색이 모두 똑같아 보여"라며 인종차별 문제를 무시하는 것 등도 대표적인 사례이다.

어떤 발언이나 행동에 대해 불쾌하다고 말하고 싶어도 "에이, 우리 사이에 왜 그래? 그냥 웃자고 한 말이야" "도와주려고 한 말인데 그렇게 받아들였다니 유감이야"라고 뭉개는 경우가 많다. 오히려 '까탈스럽고 예민하다' '사소한 문제를 크게 만들고 아무것도 아닌 일에 호들갑 떤다'라는 식으로 피해자를 비정상 취급하는 이야기가 들리기 십상이다. 주변 동료들도 뒤에서 어깨를 으쓱하며 "쟤 왜 저러지?"라는 표정을 주고받곤 한다. 심지어 차별적 발언이나 행동을 방관하면서도 자신은 차별을 극혐한다고 자부하는 사람도 있다.

그래서 미세공격 피해자들은 적극적으로 문제 삼지 못하고 '그냥 내가 참아야지' '내가 잘못 들은 건 아닌가?' '내가 날카로운 거겠지'라며 스스로 삭이곤 한다. 상대방의 잘못이 명백하다 해도 '어떻게 반응해야 하지?' '괜히 분위기만 썰렁해지고 사이만 나빠질 테니까…' 등 생각이 꼬리에 꼬리를 문다. 폭력, 폭언과 같은 거대공격은 워낙 요란해서 주변에서도 다 알게 되고 또 문제를 제기하는 것이 과하다고 느껴지지 않지만, 알 듯 말 듯 미묘하게 지나가는 미세공격은 정색하고 대응하자니 본인만 이상한 사람이 될 것 같아서 차라리 있었던 일을 없었던 일처럼 묻어버린다. 이런 과정에서 피해자들은 1차 피해 때보다 더 큰 감정적 피해를 입게 된다. 미세공격이 우리 사회에 광범위하게 퍼져 있는 심각한 문제임에도 불구하고 피해자만의 마음고생으로 끝나는 이유가 바로 미세부정 때문이다.

자신이 팀 내에서 항상 소외되고 배제된다면 그것을 타 부서 동료들에게 하소연하기도 자존심이 상한다. 팀장에게 "왜 번번이 저만 빼놓나요?"라고 물어볼 수 있는 사람도 많지 않다. 동기들이 부서장 승진에 대해 대화를 나누며 대상자로 사이좋게 서로를 지목하는데 비수도권 대학교 출신인 자신만 언급하지 않을 땐 어디에 털어놓을 곳도 마땅치 않다. 마치 스스로가 열등하다고 인정하는 듯한 모양새이기 때문이다. 치사하고 낯 뜨거운 일이다. 이처럼 대부분의 피해자가 스트레스를 받지 않기 위해 상황을 애써 외면하며, 남들 모르게 미묘한 좌절, 미세한 상처를 목구멍으로 삼켜버린다.

　미세부정이 사라지지 않으면 미세공격은 앞으로도 여전히 까다로운 개인의 문제에 머무를 것이며, 피해자는 피해 사실을 애써 회피할 수밖에 없을 것이다. 미세공격의 피해자는 우울증, 불안, 의욕 상실, 고립을 경험할 수 있는데, 미세부정의 피해자는 이와 같은 트라우마가 두세 배 클 것이다.

　문제를 제기하는 피해자도 드물지만 있다. 이들은 동료 선후배에게 찍히진 않을까 백 번 천 번 고민하다 용기를 낸다. 하지만 한 번이라도 맞서면 '괜히 말 한마디 잘못 붙였다간 덤터기 쓴다'라거나 '같이 식사하고 커피 마시기가 꺼려진다'라는 뒷담화를 듣게 된다. 문제를 공론화한 사람을 최대한 피하고 공식 업무 이외에는 가급적 거리 두기를 하는 것이 조직 내 암묵적인 룰이 되기도 한다. 가해자와 피해자가 뒤바뀌는 것이다. 피해자가 도리어 문제를 야기한 골칫덩어리가 된다. 수치심과 한데 섞인 사회적 고립감을 공감받기는커녕 책임을 떠넘기고 가해자를 두둔하려는 조직적 저항에 부딪히기도 한다. 용감하게 미투운동me too movement에 나섰던 성희롱 피해자에게 쏟아진 숱한 2차 가해와 비슷하다.

미세공격은 어느 곳에나 있을 수 있다

2024년 3월 열린 제96회 아카데미 시상식에서 각각 남우조연상과 여우주연상을 받은 배우 로버트 다우니 주니어Robert Downey Jr.와 에마 스톤Emma Stone은 인종차별 비판에 휩싸였다. 시상자로 나선 아시아계 배우들이 트로피를 건넸을 때 제대로 인사도 나누지 않고 무시하는 듯한 태도를 보였기 때문이다. 다우니 주니어는 트로피를 전달하는 베트남계 미국인 배우 키 호이 콴Ke Huy-Quan과 눈도 안 마주친 채 무대에 있던 다른 백인 배우들과 악수하고 주먹을 마주치며 친분을 과시했다. 스톤은 시상자인 중국계 말레이시아인 배우 양자경을 그냥 지나쳐 옆에 서 있던 제니퍼 로런스Jennifer Lawrence의 뺨에 입을 맞추고 포옹했다. 시상 장면이 소셜미디어를 통해 퍼지면서 두 배우의 행동에 전형적인 미세공격이라는 비판이 들끓었다.

같은 해 열린 제77회 칸국제영화제에서는 한 경호원이 유독 유색인종 참석자들을 과도하게 저지해서 소송전으로 이어지기도 했다. 우크라이나 출신 모델 사와 폰티이스카Sawa Pontyiska는 레드카펫에서 포즈를 취하다 경호원이 저지하는 것을 넘어 허리를 감싸 안으며 자신을 극장 안으로 끌고 들어가 정신적, 육체적 피해를 입었다며 칸국제영화제 조직위원회를 상대로 피해보상을 요구하는 소송을 냈다. 그는 "경호원이 수천 명의 사람 앞에서 나를 폭력적으로 대했다"라며 "즉각적으로 통증을 느꼈고, 심리적인 트라우마에 시달리고 있다"라고 했다.[11]

해외 리그에 진출한 우리나라 축구선수들이 겪는 텃세와 차별은 고질적이다. 박지성, 기성용, 황희찬 선수 등이 경기 도중 상대 팀 팬들로부터 눈을 찢는 동작, "네가 어디에 있든 너희 나라에서는 개고기를 먹지"라는 일명 '개고기송'으로 모욕을 당했다. 반복되는 인종차별에 황희찬 선수는 개인 소셜미디어에 "우리는 그저 같은 인간입니다. 성숙한 태도로 이 스포츠를 즐겨야 합니다. 오늘을 마지막으로 더 이상 제 동료들과 후배들, 이 세상 그 누구도 이런 일을 겪어서는 안 됩니다"라는 글을 올리기도 했다.

디즈니가 〈스타워즈〉 시리즈의 실사 드라마 〈애콜라이트〉의 핵심 배역 제다이 마스터 '솔' 역에 한국 배우 이정재를 캐스팅하자 국내 팬들은 환호한 반면 해외에선 "우리는 백인 남성을 보고 싶다"라는 불만이 터져 나왔다. 하지만 이 점에 대해선 우리나라 관객들도 비판에서 자유로울 수 없다. 2023년 〈인어 공주〉 실사 영화가 국내에 개봉했을 때 흑인 인어 공주에게 곱지 않은 시선을 보낸 적이 있기 때문이다.

전 세계적으로 존경받는 가수인 비욘세Beyoncé는 2024년 초 새 앨범 〈카우보이 카터Cowboy Carter〉를 발매했다. 비욘세는 당시 인스타그램에 "이 앨범은 '환영받지 못한 경험'에서 탄생한 것"이라고 썼다. 이는 2016년 컨트리뮤직협회Country Music Association, CMA 시상식에서 컨트리를 대표하는 그룹 딕시 칙스Dixie Chicks와 함께 공연한 후 컨트리 음악 팬들이 쏟아놓은 그녀에 대한 분노를 겨냥한 것이었다. 백인 남성의 전유물이라는 인식이 강한 컨트리 음악 무대에 흑인 여성인 비욘세가 선 것에 대한 차별적 반응이었다. 비욘세는 절치부심 끝에 이 앨범으로 흑인 여성 아티스트 사상 처음으로 빌보드 컨트리 차트 1위, 그래미 최고의 영예로 꼽히는 '올해의 앨범상'을 차지했다. [12]

미국 여자프로농구Women's National Basketball Association, WNBA의 거물급 신인 케이틀린 클라크Caitlin Clark는 2024년 경기 도중 뒤통수를 세게 얻어맞는 등 다른 선수들에게 육체적, 정신적인 견제를 여러 차례 당했다. 떠오르는 신예에 대한 견제일 수도, 신인을 길들이려는 의도일 수도 있다. 하지만 한편으로는 클라크가 흑인과 성 소수자가 다수인 농구 리그에 새로 합류한 백인 이성애자라는 점이 텃세를 불러왔다는 분석이 많았다.

클라크는 남녀 통합 미국 대학 농구에서 역대 최다 득점을 기록한 슈퍼스타로 프로 데뷔 후에도 놀라운 활약을 보이며 여자 농구에 열풍을 일으켰다. 글로벌 스포츠 브랜드인 나이키와 초대형 스폰서 계약도 맺었다. 눈에 띄는 성과가 여럿이니 기존 선수들에게 질투 어린 왕따와 견제를 당했다고 보기도 한다.

흑인 선수들 입장에선 흑인이 다수였던 여자 농구에서 클라크가 단지 백인이라는 이유로 인기를 독식하는 것이 오히려 미세공격으로 느껴졌을 것이라는 관점도 가능하다. 흑인이 주류인 곳에서는 백인이 공격의 대상이 될 수도 있고, 얼핏 가해자로 보이는 측이 피해자일 수도 있는 복잡 미묘한 현상이 담긴 장면이다.

백인 남성의 골짜기

미국 실리콘밸리는 '백인 남성의 골짜기'라고 불린다. 이곳의 테크 기업들이 백인 남성 중심이어서 다른 배경을 가진 사람들이 주류가 되기 어려운 구조를 가지고 있기 때문이다.

많은 연구가 실리콘밸리의 채용 및 승진 과정에 관습적 편견과 구조적 차별이 존재한다고 지적한다. 이는 유색인종과 여성이 백인 남성과 같은 조건을 갖추고 있어도 승진이나 중요한 업무를 맡을 기회가 적다는 의미이다. 특히 유색인종은 전문직에 대거 유입되고 있으나 직급이 높아질수록 그 수가 눈에 띄게 줄어든다.

2021년 기준으로 미국에서 전문 직종의 13퍼센트를 아시아계가 차지하고 있지만 포춘 1,000대 기업의 이사회에서는 그 비율이 4퍼센트에 불과했다. 포춘 1,000대 기업의 3분의 2는 여전히 아시아계 미국인 이사를 두고 있지 않고, 이사회에서 아시아계 미국인 여성의 비중은 1.5퍼센트로 더욱 낮다.[13,14] 아시아계 미국인이 전문 인력의 상당 부분을 구성하지만 경영진으로의 진출은 여전히 제한적임을 보여주는 통계이다. 이러한 현상은 주로 아시아계가 기술이나 실력 면에서는 뛰어나지만 리더십에 필수적인 소프트 스킬이 부족하다는 문화적 고정관념에 기인한다.

승진하는 데 있어 여성이 겪는 한계를 뜻하는 '유리 천장glass ceiling'에서 파생된 '대나무 천장bamboo ceiling'은 아시아계 미국인이 직장에서 마주하는 보이지 않는 장벽, 진입이나 승진의 한계를 의미한다.

아시아 문화는 권위와 규율을 존중하고 개인보다는 관계와 팀워크를 강조하는 반면, 미국의 직장문화는 개인을 드러내고 홍보하는 것을 더 중요시한다. 이로 인해 아시아계 직원은 자신의 성과를 돋보이게 하거나 남들보다 치고 올라가는 모습을 보여주기 어려울 수 있다. 또한 이들에 대해 수학과 과학에는 재능이 있지만 창의력이나 자율성이 부족하다는 고정관념도 존재한다. 고위직으로 승진하기 위해 꼭 필요한 멘토링과 네트워킹의 기회도 상대적으로 적다.

많은 아시아계 미국인은 가족 규범과는 상당히 다른 서구의 직장문화에 동화해야 한다는 압박감도 갖고 있다. 집에서는 웃어른에 대한 공경과 예의범절을 최우선으로 여기며 겸손함과 성실함이 미덕이고 갈등은 일으키지 않는 게 좋다는 가르침을 받아왔다. 그런데 직장에서는 적극적으로 자기 색깔을 드러내고 갈등이나 대립을 감수하면서까지 의견을 명확히 내세워야 한다.

미국 기업들이 백인 남성 중심으로 돌아간다는 것을 보여주는 통계는 다양하다. 2024년 1분기 기준으로 백인 여성은 백인 남성 대비 82.9퍼센트의 임금을 받고 아시아계 여성은 그보다 더 적은 79.3퍼센트를 받는 것으로 조사됐다. 100명의 남성이 매니저로 승진할 때 여성은 87명, 유색인종 여성은 73명만 승진했다. 또한 미국 직장에서 유색인종 여성은 백인 여성에 비해 두 배 더 자주 대화 도중 방해를 받거나 감정 상태에 대해 부정적인 언급을 듣고 있다. 장애를 가진 여성의 약 3분의 1, 흑인 여성의 4분의 1이 직장에서 무시당하거

나 저평가된다고 느끼는 것으로 조사됐다.[15]

많은 비주류가 미국 직장에서 살아남고 정체성 편견을 넘어서기 위해 노력하고 있다. 오페라와 같이 주류 입맛에 맞는 관심사를 끄집어내고 일부러 자신에 대한 고정관념과 반대되는 행동을 하기도 한다. 조직 가치와 연계된 스토리텔링을 통해 소수자라는 정체성에 대한 관심을 최대한 희석하려고도 한다. 아시아계 미국인은 집안의 기대나 행동 양식과는 거리가 있는 서구 문화에 적응하기 위해 집과 직장에서 가면을 벗었다 썼다 하며 고단한 삶을 살고 있다.

왜 여성의 옷차림만 문제가 되는가

2024년 영국의 새 내각 출범 당시 '흙수저 성공담'으로 화제를 모았던 앤절라 레이너Angela Rayner 부총리는 2022년 노동당 의원 시절 대정부 질문에서 다리를 꼬고 앉은 모습이 언론에 보도되면서 예상치 못한 논란에 휩싸였다. 당시 한 언론사가 레이너를 향해 "총리를 토론 실력으로 이기지 못하니 샤론 스톤의 다리 꼬기 장면을 흉내 내서라도 시선을 돌리려는 것"이라는 익명의 보수당 의원 발언을 보도했기 때문이다. 레이너는 "이런 저속한 저널리즘은 여성 정치인들이 매일 직면하는 여성 혐오"라며 분통을 터뜨렸다.

레이너 부총리는 취임 직후에도 옷차림으로 입방아에 올랐는데 약 40~100만 원 사이인 옷의 가격을 두고 "노동 계층을 대표하는 인사가 입기에는 비싸다" "감히 방글라데시의 공장에서 만든 것이 아닌 예쁜 옷들을 입었다"라거나 "옷이 안 어울린다"라는 등의 비난을 들었다.

동서양을 막론하고 예나 지금이나 여성의 생김새와 옷차림에 관한 말들이 끊이질 않는다. 정치인이라는 본질과 상관없는 외모 품평회는 유독 여성을 타깃으로 한다. 예뻐도 문제이고, 못생겨도 문제이다.

레이너 부총리의 옷에 대한 이러한 반응을 두고 영국 언론들은 '명백한 성차별'이라고 비판했다. 《더선》은 "지금 우리는 중요한 정치적 문제보다 기분 좋은 민트색의 정장에 더 많이 신경을 쓴다"라며 "이 여성이 원하는 대로 입게 내버려두고, 해야 할 일을 해내게 하자"라고 했다.[16]

일간지 《가디언》의 칼럼니스트 조이 윌리엄스Zoe Williams는 당시 기고를 통해 "고위 내각직에 여성이 11명으로 역사상 가장 많이 임명되었으니, 세상도 언젠가 그들에게 익숙해질 것이다. 그들이 자기만의 의제를 가지고 있고, 옷은 항상 입는 것이라는 사실을 곧 받아들이게 될 것이다"라고 꼬집었다.[17]

반면 남성 정치인이 옷차림으로 논란에 휩싸이는 사례는 거의 없다. 만약 젊은 남성 정치인이 레이너와 비슷한 색상의 정장을 입었다면, 언론은 그의 패션 센스를 칭찬하는 기사를 썼을지도 모른다.

젊은 여성은 유독 외모로 인해 입방아에 자주 오르내린다. 회의에서 여성이 발표하면 "목소리가 예쁘다"라거나 "스타일이 좋다"라는 식으로 말한 내용보다는 겉모습에 대한 피드백을 건네곤 한다. 같은 자리에서 남성이 발언할 땐 들을 수 없는 피드백이다. 여성이 너무 예쁘면 업무 파트너나 동료라기보다는 이성으로 대하려 한다.

똑같은 행동을 해도 남성은 괜찮고 여성은 비난을 받는 경우도 많다. 아이가 있다는 것이 여성에게는 일에 집중할 수 없게 만드는 방해 요인이 되지만, 남성에게는 가정을 꾸렸으니 안정적일 것이라는 이유로 장점이 된다.

남성이 목소리가 크면 씩씩하고 활달하다고 평가하지만, 여성이 그러면 대체로 "오버한다"라거나 "나댄다"라고 얘기하기도 한다. 겸손하고 완곡한 표현을 쓰는 여성은 자신감이 없고 전문성이 떨어진다고 여기지만, 남성이 그러면 교만하지 않고 타인을 존중한다고 긍정적인 평가를 한다.

특히 여성에게는 감정 기복이 심하다는 꼬리표가 많이 붙는다. 내가 초임 상무 시절 산하 직원들과 일대일 면담을 했는데 한 남성 신입 사원이 직속 상사인 여성 라인장에 대해 "시시각각 기분이 널뛰어서 어느 장단에 춤을 춰야 할지 모르겠다"라고 이야기했던 게 기억에 남는다. 그 후로도 유독 여성이 감정을 드러낼 때 으레 감정 기복이 심하다는 수식어가 따라붙는다는 것을 발견했다. "또 시작됐네. 생리 주기인가 봐." 걸핏하면 화내고 소리 지르는 남성도 많은데 여성 상사는 조금만 언성을 높여도 훨씬 더 모멸적인 평가를 받는다.

인종차별부터 노썸바디존까지

　나와 다른 인간을 못 참고 경멸하거나 배척하는 건 우리나라라고 예외가 아니다. 오히려 획일적인 집단 문화에 익숙한 한국인들이 다른 인종이나 다른 국가 출신을 신기하게 쳐다보고 더 낯설어하는 경우가 많다. 저개발국 출신을 사회적 지위가 낮을 것이라는 선입견을 갖고 대하고, 이주민, 난민, 외국인 노동자에 대한 스테레오타이핑도 광범위하게 존재한다.

　한국의 대학교에서 전임강사로 일했던 한 미국인은 "한국인 교수들과 어울리기도 힘들고 승진 심사 등에서 늘 후순위로 처진다는 느낌을 받았다"라며 "계속 힘들어하다가 코로나 19 때 과감하게 미국으로 돌아갔다"라고 말했다. 오랫동안 단일민족의 신화와 민족주의 속에서 살아온 한국인에게 다양성이나 다문화주의에 대한 담론은 그동안 불필요했고 따라서 진지하게 논의된 적도 없었다.

　한국인은 유독 같은 고향이나 학교 출신 간 유대감이 크다. 워낙 공동체 문화에 익숙하여 뭐 하나라도 공통점이 있으면 쉽게 동질감과 소속감을 느끼고 끼리끼리 뭉쳐 다니는 것을 좋아한다. 그러다 보니 자신과 다른 배경 출신의 사람은 잘 알지도 못하면서 '이럴 것이다'라는 식으로 낙인찍고 경계 짓는다.

　세대와 정치 성향의 차이도 차별과 혐오의 먹잇감이 되고, 능력주의를 맹신하면서 빈곤 그 자체도 편견의 씨앗이 되고 있다. 코로나 19 이후 디지털에 대한 의존도가 높아지면서 온라인 플랫폼과 소셜미디어를 타고 혐오와 차별의 표현이 더욱 광범위하게 퍼지고 있다.

최근에는 노키즈존에 이어 노중딩(중학생)존, 노아줌마존, 노시니어존, 노커플존 등 '노썸바디존No Somebody Zone'이 확산되고 있다. 나와 다르거나 나를 거슬리게 하는 타인, 내 취향에 맞지 않는 인간들을 혐오하는 구획 짓기가 늘어나고 있는 것이다.

영국 BBC 뉴스는 2024년 인천의 한 헬스장에 붙은 안내문을 보도했다. "아줌마 출입금지"라는 빨간색 큰 글자 아래 작게 "교양 있고 우아한 여성만 출입 가능"이라고 적혀 있었다. '아줌마'는 중년 여성을 지칭하는 용어이지만 종종 무례하거나 불쾌한 행동을 하는 여성을 비하하는 의도로 사용된다. BBC는 "어떻게 '나쁜 고객'이라는 단어를 '아줌마'와 같은 말로 쓸 수 있느냐"라고 지적하며, "서비스업에서 일해본 사람이라면 진상 고객의 범주에 꼭 나이 든 여성만 속하는 것은 아니라는 사실을 알 것"이라는 온라인 커뮤니티 댓글을 소개했다. BBC는 나이 든 남성도 똑같이 나쁜 행동을 할 가능성이 있는데 군이 여성만 골라낼 이유가 없다는 논평가의 주장도 덧붙였다.

60세 이상은 고객으로 받지 않는다는 피트니스 센터도 많다. 노인들이 운동하다 쓰러질 수 있어 부담이 된다고 하지만 실상은 '행동이 느리고 눈치와 센스가 떨어지며 귀가 어두운 탓에 목청은 커지는' 노인들에 대한 혐오와 짜증이 묻어난다. 언행이 무례하다며 중학생을 문전박대하는 스터디 카페에 이어 시끄럽다며 래퍼의 출입을 거부하는 곳도 등장했다.

사업주가 '노○○존'을 내걸면 구경꾼들은 노골적으로 동의하며 쾌감을 느낀다. 그렇게 서로 손가락질하며 불수용의 늪으로 빠지고 있다. 그러다가는 손가락이 언젠가 자신을 향한다고 해도, 타인에 의해 거부 대상으로 낙인찍히고 혐오와 차별을 당한다고 해도 할 말이 없을 것이다.

외신이 놀라움을 표한 것은 매너 없고 불쾌감을 주는 행동을 금지하는 것이 아니라, 특정 연령대나 직업군을 민폐 집단으로 뭉뚱그려 비난하고 배척하는 현상이었다. 오래전부터 인종차별 문제를 겪으며 일상 속 혐오 표현에 신경을 곤두세워온 서구사회의 시선에서 깜짝 놀랄 만한 일이 아닐 수 없다. 반면 다양성에 대한 이슈를 상대적으로 덜 접해온 한국은 특정 집단에 대한 경멸이나 편 가르기의 심각성을 잘 인지하지 못하고 서슴없이 타인을 손가락질하는 경향이 있다. "나는 ○○하는 인간이 제일 싫어. 극혐이야"라는 말을, 당신도 해본 적이 있지 않은가?

4장 그럼에도 너희들이

너무 예민한 것

아니냐고 묻는다면

개인의 조용한 마음 상함이 초래하는 엄청난 결과

우리나라는 땅덩어리가 조그마한 데 비해 지역에 따른 정치적 갈등과 경제적 불균형이 깊고 인구·교육·의료의 쏠림 현상이 심각하다. 특정 지역 출신에 대한 차별적인 말이 난무하고 어떤 조직에나 존재하는 학연, 지연, 군대연은 요란하고 떠들썩하다. 남녀는 유별하고 세대차도 알차게 벌어져 있다. 갖은 공통점을 찾아내 무리 지어 어울리는 가운데 누군가는 소외되고 배제된다.

어느 날 대기업 입사 20년 차의 차장급 간부 A가 친한 동료에게 속상함을 털어놓았다. "우리 부장은 매일 저녁 6시쯤 간부 2~3명을 데리고 간단한 식사를 하러 나가는데, 늘 똑같은 멤버들과 나가면서 한 번도 나를 끼워주지 않더라"라는 것이었다. 부장이 그들만 좋아하나? 나를 싫어하나? 내가 술을 잘 못 마셔서 불편한가? 중요한 업무에서도 나만 배제되고 있는 건 아닐까? 이 부서에서 제대로 인정받고 성장할 수 있을까? 꼬리에 꼬리를 무는 생각 끝에 미묘한 불쾌감과 좌절감이 느껴졌다. 별일 아닌 것 같지만 당하는 입장에선 상당히 신경 쓰이고, 괜히 위축되게 만드는 일이다.

A는 겉으로는 뚫어져라 모니터를 응시하는 척하지만, 조용히 자리를 뜨는 동료들을 곁눈으로 스캔하면서 소외감이 온 신경을 타고 흐르는 것을 느낀다. 초등학생 때 같이 밥 먹을 친구가 한 명도 없었다거나 다들 짝을 지어 다니는데 나만 어떤 무리에도 속하지 못했다고 상상해보면 A의 심정을 조금 이해할 수 있을 것이다.

2023년 말 국회 기후위기특위 전체회의에서 더불어민주당 이수진 의원이 같은 당 소속인 김정호 당시 위원장에게 '짬짜미' 해외 출장에 대해 따져 물었다. 이 의원이 김 위원장에게 특위 차원에서 해외 출장을 간 사실이 있는지 묻자 김 위원장은 "유럽의 재생 에너지 정책을 확인하러 간 적이 있다"라고 답했고 순간 이 의원의 분노가 폭발했다.

"도대체 짬짜미로 누구누구만 가신 거예요? 가는 것도 짬짜미로 가시고 갔다 온 결과도 공유 안 해주시고. 나머지 특위 위원들은 뭐 하는 사람이죠?"

"일단 예산이 없었답니다."

"어떤 기준으로 간 거냐고요. 우리도 가서 공부를 하고 싶었는데 기회를 안 주셨어요."

이 의원이 당시 특위 소속 다른 의원들을 향해 "(당신은) 갔다 왔냐"라고 따져 묻자 다른 의원 중 한 명이 "(저도) 못 갔습니다"라고 답하기도 했다.

당시 이 의원의 발언에 대해 많은 사람이 민망하다는 반응을 보였다. 사실 이런 얘기는 공개석상에서 테이블 위에 올려놓기 힘들긴 하다. "나만 빼놓고 갔어요. 그래서 화가 나요"라고 말하는 것인데, 자존심이 상해서 꺼내기도 거북한 이슈이다. 하지만 오죽하면 웃음거리가 될지도 모른다는 위험을 감수하고 이런 얘기를 터뜨렸을까?

'끼리끼리' 문화에서 영문도 모른 채 소외되어 남들이 나만 빼놓고 온갖 혜택을 누렸다는 사실을 알게 됐을 때를 떠올려보자. 비슷한 경험을 했던 사람이라면 이 의원의 분노를 쉽게 이해할 수 있다. 단순히 해외에 못 나가서 안달 난 게 아니라, 이유 없이 배제되었다는 것이 속상하고 자존심 상하고 울화통 터지는 것이다. 명확한 원칙이나 기준 없이 그냥 도려내지고 차별받은 것이다. 무리에서 거절당하고 무시당하고 묵살당했다는 느낌이 들었을 것이다.

미세공격은 개인의 조용한 마음 상함에 국한되지 않는다. 미세공격의 행위 자체는 미미해 보일 수 있지만, 그것이 가져오는 피해는 거시적이다. 미세공격이 의도치 않게 가해진 소소한 고통이라는 변명 아래 숨겨지고 누구도 들춰내지 않는다면 소외와 혐오의 대상자는 억압감과 수치심, 무기력을 쌓을 것이다. 반복적으로 경험할 경우 스트레스, 불안, 우울에 빠지고 자신을 의심하거나 무가치하게 여길 것이다.

뭉툭한 공격에 송곳처럼 반응하는 이유

직접 겪은 당사자가 아니라면 무슨 이런 사소한 일을 미세공격이라 하느냐고 하기 쉽다. 그 불편을 알아차리지 못하거나 무관심한 자의 입장에서는 "그게 기분 나쁠 일인가? 왜 저렇게 화가 많지? 나는 별 뜻 없이 한 말인데"라고 생각한다. 하지만 미세공격에 상처를 입은 사람은 단지 지금 일어난 일에 날을 세우는 것이 아니다. 어제, 한 달 전, 1년 전, 10년 전부터 또는 평생 반복되어온 일에 대해 버럭 하는 것이다. 한 번이면 그냥 넘어가도 그것이 수차례 반복되어 일어난다면 결코 가볍게 지나치거나 사소하게 넘길 수 없다.

직장에서도 사소한 거슬림이 반복된다. 연차를 빨리 소진하라고, 휴일에 붙여서 내라고 회사 지침이 내려왔는데 막상 길게 휴가를 쓰려고 하면 부서장이 "괜찮겠나? 그때가 이달 실적 마감인데"라고 한다. 부서장은 최대한 완곡하게 우려의 뜻을 표현한 것이지만 명백히 눈치를 주는 행동이고 마땅히 본인에게 주어진 권리를 쓰는 직원의 마음을 불편하게 만드는 말이다. 아이가 아파서 반차를 내거나 조퇴를 해야 하는 직원에게 "아이가 자주 아프네. 어서 가봐"라고 하는 상사도 있다. 한 여성 직원은 보건휴가(생리휴가)를 냈더니 주변 동료들이 "금요일에 맞춰 (보건휴가를) 냈네"라며 곱지 않은 시선으로 보더라고 털어놓았다.

정시에 출퇴근할 수 있는지, 휴가를 자유롭게 쓸 수 있는지는 직장인들의 영원한 이슈이다. 과거에 비해 상황이 나아지긴 했지만, 여전히 많은 직장인이 가장 중요하게 생각하는 권리를 눈치 보며 마음대로 쓰지 못하고 속을 끓인다. 이런 일이 한두 번도 아니고 자주, 지속적으로 일어난다면 어느 순간 짜증이 폭발할 수 있다.

괴롭히려는 의도 없이 대수롭지 않게 한 말이어도 상대방에겐 결코 가벼운 문제가 아닐 수 있다. 무심코 던진 말 한마디에 상대방이 심리적으로 위축되고 말문을 닫으면 더 이상 속 깊은 대화를 나눌 수 없다. 피해자의 반응에는 그 사람의 지나온 세월과 역사, 트라우마가 담겨 있다는 사실을 기억할 필요가 있다.

과거에는 별문제가 되지 않았던 발언이나 행동이 지금은 문제가 되거나 공격으로 받아들여지는 경우도 많다. 사회적 가치관과 인식이 변화하고 인권과 평등에 대한 감수성이 높아짐에 따라 예전에는 대수롭지 않게 넘겼던 일이 지금의 시대적 맥락에서는 부적절하고 용납하기 어려운 문제가 되기도 한다. 선 넘는 행동에 대한 우리의 기준이 한층 높아진 것이다. 기성세대는 아무렇지 않게 받아들였거나 그냥 참고 넘어갔을 법한 문제들을 젊은 세대가 못 견뎌 하고 정신적인 고통을 호소하는 현상도 같은 맥락에서 이해할 수 있다.

태어나 보니 경쟁의 지뢰밭이고 아무리 발버둥 쳐도 집 한 칸 마련하기 힘든 20, 30대는 한창나이에 벌써 지쳐 있다. 내가 생각했던 미래가 이런 모습이었나? 내가 잘 살고 있는 건가? 두려움과 혼란을 겪으며 내적으로 많이 무너져 있는 상태다. 부모, 교사, 상사, 동료로 부터 주야장천 비교와 평가를 받다 보니 뚜렷한 주관이나 줏대를 세울 틈도 없다. 젊은 세대가 주변 평가에 극도로 민감하고 자신을 향한 뭉툭한 공격에도 송곳처럼 반응하게 된 건 이 같은 사회 환경 탓이기도 하다.

팬데믹과 외로움부

코로나19라는 팬데믹을 거치면서 국민의 참을성은 약화되고 정서적 민감도는 차원이 다르게 높아졌다. 팬데믹이 몰고 온 전대미문의 불확실성과 사회적 고립은 사람들을 더욱 뾰족하고 무기력하게 만들었다. 모두가 비대면에 익숙해졌고 디지털을 통한 소통이 증가하면서 사회적 연결은 감소했다.

시장조사 전문 기업 엠브레인 트렌드모니터가 2024년 전국 만 19~59세 성인 남녀 1,000명을 대상으로 시행한 외로움 관련 인식 조사에서는 일상에서 외로움을 느끼는 사람들이 전년도 53.6퍼센트에서 57퍼센트로 증가한 것으로 나타났다. 외로움을 느끼는 이유로는 '경제적인 여유가 없어서'(40퍼센트)를 가장 많이 꼽았으며, '딱히 만날 사람이 없다는 느낌이 들어서'(38.6퍼센트), '마음을 터놓을 사람이 없어서'(36퍼센트), '그냥 세상에 나 혼자 있는 듯한 느낌이 들어서'(32.8퍼센트)라는 응답이 그 뒤를 이었다. 이는 경제적으로 부담이 되어 사회적 교류를 줄이고, 그로 인해 외로워지는 우리 사회를 보여준다.[18]

팬데믹 기간 생계 불안과 기회의 상실을 겪은 사람들은 사회에 더 많은 배려와 지원을 요구하고 있다. 경제적, 사회적 불평등이 명확하게 드러나면서 공정과 정의, 다양성과 포용에 대한 인식도 높아졌다.

영국은 널리 퍼진 외로움과 사회적 고립 문제를 해결하기 위해 2018년에 외로움부Ministry of Loneliness를 신설했다. 여기에서 외로움을 더 이상 개인적 약점이 아닌 사회 문제로 인식하는 시선을 엿볼 수 있다. 외로움부는 팬데믹 기간에 그 역할이 더 부각되었는데, '외로움에 대해 말해봐요Let's Talk Loneliness' 캠페인을 열어 자유롭게 터놓고 이야기할 수 있는 분위기를 만드는 등 사회적 거리 두기로 인한 고립 문제를 해결하고자 정부 차원의 노력을 기울였다.

시대와 환경이 가져온 스트레스는 개인의 영역으로 치부할 수 없다. 한두 사람만 영향받는 것이 아니기 때문이다. 한 명 한 명의 경험과 불안과 분노와 상처가 모이면 사회적 여파는 걷잡을 수 없이 커질 수밖에 없다. 코로나 19라는 시대적 변수를 갓 겪은 우리 사회가 마주한 현실이다. 지금 시대와 환경은 사람들을 더 날카롭고 예민하게 만들고 있다. 요즘 젊은 세대 또는 직장인이 너무 약해 빠져서 아무것도 아닌 일에 유난스럽게 반응한다고 탓할 수만은 없는 상황이다.

2부

Microaggression
Watch

미세공격이
퍼진 직장

우리의 목표는 출세가 아니라
상처받지 않는 것

'표준 미달'인 사람들은 표준에 속하기 위해

종종 가면을 쓰고 출근한다.

가면의 이름은 활달한 척, 자신감 넘치는 척, 용감한 척이다.

자신의 진짜 감정을 숨기고 억누르며

항상 긍정적인 모습을 보여줘야 하는 이 시대 직장인들에게는

출근 자체가 자신과의 싸움이다.

5장   직장은

같은데, 다르다

미세공격은 다양한 얼굴로 나타난다

나는 크게 세 번 직장을 옮겼다. 언론사에서 시작해 정부 중앙행정기관을 거쳐, 대기업까지 두루 경험했다. 각각의 조직은 다른 문화를 가지고 있고 구성원들이 좌절하는 포인트도 조금씩 다르다.

언론사는 일반적인 직장보다 조직문화가 좀 더 거칠다. 가장 자유로울 것 같지만 실상은 매우 보수적이고 위계질서가 엄격하다. 요즘은 많이 달라졌다지만 선배의 욕설과 고함이 심심치 않게 들리고 상사가 수화기를 내던지면 그걸 잘 받는 게 신입 기자들의 과제라는 웃지 못할 이야기가 돌던 시절도 있었다. '술 잘 마시는 놈이 일도 잘한다'라며 후배가 알코올 분해효소가 있든 없든, 기절하든 말든 술을 먹여서 강하게 키우겠다는 때도 있었다.

지금은 과거와 같은 군기 문화는 덜하다. 하지만 선배가 후배의 기사를 수정·보완·컨펌해주는 데스킹 과정, 글 쓰고 취재하는 법에 대한 노하우를 전수하는 도제식 훈련이 기본인 업무의 특성상 여전히 명령과 지시의 문화가 남아 있는 게 사실이다. 마음만 먹으면 얼마든지 선배가 점잖은 용어로도 후배 기자를 몰아치고 쥐 잡듯 잡을 수 있는 구조이다. 선망의 직장으로 꼽히는 언론사를 떠나는 젊은 기자가 많은 것은 직업적 자부심의 약화, 높은 업무 강도와 보상에 대한 불만족 외에 갑갑한 조직문화 때문이기도 하다. 취재력과 특종을 무한 강조하는 사이에 상호 소통이나 조직문화의 개선이라는 과제는 계속해서 뒷전으로 밀리고 있다. 외부에는 날카로운 잣대를 들이대면서 정작 내부 문제에는 손을 못 쓰는 조직 속에서 저연차 기자들은 쌓은 것도 없이 소모품처럼 소진되는 경우가 많다.

정부기관은 부처별로 차이가 있지만, 고시 기수 중심으로 서열화가 이루어져 위계질서가 강하며 불필요한 야근과 구시대적 의전도 여전히 남아 있다. 최근 5급 공무원 시험에 합격한 초임 사무관들이 줄줄이 공직을 떠나 유학을 가거나 로스쿨에 진학하고 있는데, 민간 기업 대비 낮은 연봉 외에도 경직된 조직문화가 주된 원인으로 꼽힌다.

복잡하고 중요한 정책을 다룰수록 선배가 후배를 훈련하고 지도하는 과정에서 강력한 유대 관계가 형성된다. 잘나가는 선배 밑에는 자연스럽게 그의 라인이 구축되고 후배는 그 안에서 끊임없는 보살핌과 챙김을 경험한다. 선배가 퇴임하면 이제 후배가 든든한 후원자가 되어준다. 퇴임 후 정계, 금융계 등으로 진출해 산하 단체를 장악하는 재무 관료들을 마피아에 빗대어 모피아Mofia(재무부를 칭하는 MOF·Ministry of Finance와 마피아의 합성어)라고 부르는 것도 이러한 맥락에서다. 같은 라인의 구성원은 피를 나눈 형제처럼 운명 공동체가 되어 서로를 챙겨주는데 이 과정에서 누군가는 소외되고 배제된다.

비고시 출신 공무원은 출발선에서 벌어진 격차가 시간이 흐를수록 더욱 확대돼 끝내 뒤처지는 것을 숙명처럼 받아들이곤 한다. 고시 출신과 비고시 출신 사이에는 신분제에 가까운 칸막이가 존재한다. 고시 출신의 끼리끼리 문화, 우월의식과 선민의식이 인사권과 주요 보직의 독점으로 이어지며 조직 내 부익부 빈익빈은 해소될 기미를 보이지 않고 있다.

대기업에는 경쟁적인 분위기와 높은 성과 압박으로 만성적인 비교와 다그침이 존재한다. 상급자와 하급자 간의 권력 차이가 크고, 직원은 다양한 배경을 가지고 있는 데 반해 조직문화는 획일화된 고정관념에 뿌리를 두고 있어 부적응자를 양산하곤 한다.

중소기업은 규모가 작다 보니 가족적인 분위기를 강조하고 공과 사의 경계가 모호한 경우가 많다. '가족 같은 사이니까'라는 생각으로 무심코 던지는 말이 가장 위험한 화살이 되기도 한다. 또한 대기업과의 임금 격차가 주는 박탈감은 분노, 냉소, 자포자기로 이어진다. 임금 격차는 정당하고 납득할 만한 수준을 넘어서는 순간 그 자체로 참기 힘든 미세공격이 된다.

스타트업에서는 창업자와 초기 멤버가 많은 권한과 영향력을 가진다. 회사가 성장하면서 새로운 인력이 대거 유입되면 창업 멤버와 신입 멤버 간에 권력의 불균형이 발생하기도 한다.

이처럼 각각의 조직에서 미세공격도 다양한 얼굴로 나타난다. 조직의 규모가 어느 정도이고, 어떠한 구조와 문화를 가졌는지에 따라 미세공격의 표현 양상은 다를 수 있다. 하지만 확실한 건, 그 여파는 비슷하게 크다는 것이다.

2020년 미국에서 발행된 《미묘한 배제 행동Subtle Acts of Exclusion》은 상대방에게 "당신은 존재감이 없다" "미흡하다" "(우리 눈엔) 정상적이지 않다" "짐덩어리다" "우리 일원이 아니다" 등 배제의 메시지를 보내는 모든 행위를 미세공격의 여러 유형으로 규정했다.[1] 어떤 얼굴로 나타나든, 어느 조직에서나 마주치는 행동들이다.

더 가파른 경사, 더 높은 문턱

직장에서의 미세공격은 표면적으로는 개인의 작은 경험으로 나타나는 경우가 많지만, 실제론 개인 차원을 넘어서는 문제이다. 누군가를 향한 은근한 배제와 무시, 모욕과 깎아내림이 조직에 안개처럼 깔리면 그것은 더 이상 사적 영역이 아닌 구조적이고 문화적인 것이 된다.

같은 회사에 다니며 동일한 공간에서 일하더라도 각자 경험하는 직장은 다 다르다. 모두가 똑같은 리소스나 영향력을 갖고 있지 않다. 한날한시에 입사하면 같은 출발선에서 시작한다고 생각하지만, 막상 현실에서 마주하는 직장 생활의 경사와 문턱은 저마다 다르다.

우연히 배치받았을 뿐인데 권한이 없고 영향력이 떨어지는 부서라 자신마저 '그저 그런 직원'으로 규정되고, 끗발 있는 부서에 소속된 동료와는 어느새 기울어진 운동장에서 뛰는 느낌을 받게 된다. 뭐 하나 협조받거나 예산을 지원받기도 어렵고 중요한 업무를 담당할 기회도 좀처럼 주어지지 않는다.

툭하면 상처 주는 상사는 직장인의 멀미 유발 요인이다. 본인이 잘못해놓고 후배의 실수로 일이 잘못된 양 가스라이팅하며 공功은 내 것이고 과過는 아랫사람 탓으로 돌리는 상사, 일은 후배에게 떠넘긴 채 오로지 정치와 친목에 몰두하는 상사, 주관과 소신 없이 윗선의 지시에 무조건 복종하며 직원들을 헛일시키는 상사, 납기가 코앞인 업무 메일을 뒤늦게 전달해서 급하게 일하게 만드는 상사, 자신이 돋보이기 위해 아랫사람을 쥐어짜는 상사…. 조직 내에서의 좌절과 상처는 대부분 계급이 높은 상사에 의해 만들어지고 확대재생산된다. 상사에 의해 내 직장 생활의 경사도가 결정되는 경우가 많은 것이다.

저소속감의 시대에 맹목적인 충성심과 애사심은 존재하지 않는다. 가만히 두어도 충성심이 예전만 못한데, 미세공격이라는 기름까지 부으면 로열티는 순식간에 잿더미가 될 수밖에 없다. 각기 다른 특성과 경험을 지닌, 다양한 연령대의 직원을 채용해놓고 정작 적절한 환경을 조성하지 않는다면 그들은 회사를 나가거나 몸은 남아도 마음은 떠날 것이다.

이렇듯 미세공격이 누적되면 결국 개인과 조직 모두 위험에 빠진다. 미세공격은 개인의 잠재력을 끌어내리고 조직의 재능과 자원을 훼손하는 일이다. 단순히 개인의 좌절을 넘어서 조직의 에너지까지 술술 새게 만드는 것이다.

뉴욕대학교 그로스만 의과대학 소속 행동신경학자인 조엘 살리나스Joel Salinas는 미세한 스트레스의 누적에 대해 다음과 같이 말했다. "바람이 산을 깎아내리는 것을 상상해보라. 산에 구멍을 뚫는 대규모 폭발 같지는 않겠지만 바람이 한시도 멈추지 않는다면 시간이 갈수록 산 전체를 서서히 깎아내 결국 사라져버리게 만들지도 모른다." 작은 사건들이 누적되면 그 파급력은 하나의 큰 사건 못지않다는 지적이다.[2]

불편한 상사나 동료가 있어도 출근하기 싫지만, 무엇보다 회사가 나를 존중하지 않는 것 같을 때 직장 생활에 정이 떨어진다. 조직이 공공연하게 괴롭히거나 대놓고 불이익을 주지는 않더라도, 존중받지 못하고 내가 하는 일이 쓸모없다는 느낌이 든다면 그것도 직장인의 의욕을 꺾는 중요한 요인이 된다.

회사가 어마어마한 적자에 주가 폭락을 겪고 이에 따른 고강도 구조조정을 하는 것은 산에 구멍을 뚫는 대규모 폭발과 같다고 할 수 있다. 그런데 실적이 당장 곤두박질치지 않더라도 조직 곳곳에

실금이 가듯 자꾸 위기 조짐이 보이는데 경영진은 직원에게 "(원인은) 알 거 없고, 닥치고 일이나 해라"라는 식의 태도를 보인다면 회사가 직원을 하찮게 여긴다는 느낌을 받을 것이다. 조직에서 최소한의 존중도 못 받는다고 생각하는 직원이 늘어나면, 그곳에는 서서히 산을 깎아내리는 바람이 불 것이다.

2024년 파리올림픽에서는 대한양궁협회의 공정성이 주목을 받았다. 국가대표가 되기 위해서는 예외 없이 국가대표 선발전을 치러야 한다. 올림픽 메달리스트라고 해서 특혜를 주지 않는다. 파리올림픽에서 양궁 3관왕에 오른 김우진 선수는 활만 잘 쏜다면 시골에 살다가도 국가대표로 선발될 수 있는 시스템이라고 말한 바 있다.[3]

공정성이 보장되는 기회의 조직에서는 주류와 비주류의 구분이 크게 의미가 없다. 선배나 상사라고 해서 갑이 되는 것도 아니다. 경사가 완만한 곳에서 100미터를 나아가는 것은 경사가 가파른 곳에서 50미터를 걸어가는 것보다 훨씬 덜 힘들게 느껴질 것이다.

안타깝게도 수많은 기업 중에 공정성이 보장되는 곳은 많지 않다. 제도적 기반은 갖춰져 있어도 실행이 뒤따르지 못하는 경우가 대다수이다. 이는 MZ세대가 가장 절망하는 포인트이기도 하다. 아직도 많은 기업에서 고과 나눠 먹기와 상사 입맛에 맞는 승진자 결정 등 불공정한 일이 늘 일어나고 있다. 사무실에 누가 가장 오래 머무르는지에 대한 주관적 인상으로 고과를 챙겨주어 아이 돌봄을 위해 남들과는 다른 시간대에 출퇴근하거나 재택근무를 하는 직원은 보이지 않는 페널티를 받기도 한다.

직원을 무한 경쟁으로 내몰아 '남의 불행이 나의 행복이 되는' 문화가 팽배한 조직, 내가 돋보이기 위해 타 부서나 경쟁자를 깎아내리는 것이 일상이 된 조직에서는 나도 모르는 사이에 누군가에 의해서 배제되고 저평가되고 있을 수 있다.

한 10년 차 직장인은 "뭔가 새로운 일을 시도하려고 하면 도움과 지원을 주기보다는 잘못되면 당신이 책임을 지겠냐고 따지기부터 한다"라며 "문제 하나 터지면 폭탄 돌리기 하는 조직에서 과연 내가 의욕을 잃지 않을 수 있을지 의문"이라고 말했다. 어떤 회사의 어느 부서에서 누구와 함께 일하느냐에 따라 내가 마주하는 일터의 경사도와 문턱은 더 높을 수도 낮을 수도 있다.

비주류, 마이너리티, '나혼족'

누군가는 알 수 없는 이유로 잘나가지만 누군가는 늘 물을 먹는다. 누가 이마에 도장 찍은 건 아니지만 직장 내에도 엄연히 주류가 있고 비주류가 있다. 항상 중심에 서 있는 '인싸'가 있고 은근히 소외되고 조금씩 뒤처지는 '아싸'가 있다. 팀에서 중요한 일을 하는 사람과 주변부 일을 하는 사람이 나뉜다. 갓 입사했을 때는 전혀 몰랐는데 10년쯤 열심히 일하다 문득 주위를 둘러보고 내가 의도치 않게 회사에서 주요 업무로 여기지 않는 비핵심부서에서 뼈 빠지게 경력을 쌓아왔음을 깨닫게 된다.

미세공격 주의보

비주류, 마이너리티가 되는 데는 다양한 이유가 있다. 성별, 고향, 배경, 외모 등 우리가 선택하지 않은 요인을 근거로 밀려나기도 한다. 나이가 너무 어리거나 반대로 너무 많아서 존중받지 못한 채 배제되는 경우도 있다. 활달하지 못하고 내성적인 탓에, 술자리나 회식을 싫어한다는 이유로 차츰 주변부로 밀려나기도 한다. 어떤 유형의 배제에도 중심에는 늘 편견이 있다.

입사할 때와 재직 중일 때 회사에서 원하는 인재상은 다르다. 채용할 때는 성실하고 창의적이며 도전하고 노력하는 인재를 원한다. 하지만 막상 입사해서 일하다 보면 회사가 선호하는 유형은 조금 다르다는 것을 깨닫게 된다. 많은 경우 기업은 '샤이 보이'보다는 사교적이고 활달한 남성을 회사의 중심에 두고 있다. 갓 입사한 Z세대보다는 회사 생활을 15년 넘게 한 40대 이상 선배를 중심으로 일이 돌아가도록 설계되어 있다. 그렇다고 너무 나이가 많으면 그 또한 배척당한다. 나이가 적당히 많은 그룹을 중심으로, 회사의 입맛에 맞는 사람들 위주로 돌아간다는 이야기이다.

기업에서 중요하지 않은 부서는 없지만, 현실 세계에선 핵심과 비핵심부서가 엄연히 구분된다. 소위 권력부서에 소속된 사람들이 나이나 지위를 떠나 갑이 되고 각종 혜택을 독점적으로 누리기도 한다. 자기도 모르는 사이 비주류가 된 직원들은 화가 나고 의욕이 떨어지며 박탈감을 느낀다. 회사가 공정하지 못하다는 생각을 하면 분노가 치밀어오르고 자연스레 노력하기가 싫어진다. 누구는 ○○ 라인, 누구는 △△ 출신으로 분류되어 앞에서 끌어주고 뒤에서 밀어주는데,

어디에도 끼지 못하는, 자수성가가 필연인 '나혼족'은 고군분투의 고단한 레이스를 펼쳐야 한다.

회식에 무조건 참석해야 하고, 참석해서는 죽을 만큼 술을 마셔야 하고, 술을 못 마시면 무능한 사람 취급받는 시대는 갔다. 지금은 회식을 강요할 수 없고 회식에 빠지겠다는 직원에게 절대로 못마땅한 기색을 내비쳐서는 안 된다. 그러나 회식을 싫어하고 번번이 모임에서 빠지는 직원을 개인주의적이라 치부하며 어쩐지 불편해하는 분위기는 여전하다.

비주류들은 이런 상황을 극복하기 위해 애를 쓴다. 때론 사교적인 척, 활달한 척 가면을 쓰고 행동하기도 한다. 못 마시는 술도 마셔보고 강인한 척, 쉽게 상처받지 않는 쿨한 성격인 척해본다. 주류가 되고자, 주류의 입맛에 맞춰보고자 최선을 다하는 것이다. 그러다 결국에는 지쳐서 다 내려놓고 본인만의 세계로 돌아가기도 한다. 많은 경우 조용한 퇴사, 번아웃, '워라밸'에 대한 집착으로 이어진다.

직장 내 괴롭힘까지는 아니지만

요즘 상사의 괴롭힘은 과거와 달리 공공연하지 않고 후배들 눈치를 보며 겉으로는 챙겨주는 척하지만, 뒤에선 전혀 다른 속마음을 내비치는 방식으로 나타난다. 후배들에게 욕먹기는 싫어서 세상 다정한 사람인 양, 오픈마인드인 양 행동하지만 제대로 힘을 실어주거나 믿어주진 않는다. 미주알고주알 컨펌하려 하고 업무 우선순위도, 철학도 없이 뒤죽박죽 기분 따라 왔다 갔다 해서 어느 장단에 춤을 춰야 할지 모르겠다.

상사가 직접적으로 괴롭히지는 않더라도 은근하고 미묘하게 불쾌감을 주는 일이 어느 조직에나 만연하다. 후배의 태도나 말투를 지적하며 며칠 동안 말도 안 섞고 눈도 안 마주치는 등 비업무적으로 괴롭히는 상사도 있다. 상사의 의견과 반대되는 이야기를 하면 싫은 기색을 감추지 못하고 "눈치가 없다"라느니 "현실성이 떨어진다"라면서 뭉개버린다. 상사를 화나게 하면 그 여파가 한동안 지속된다.

칭찬이나 인정을 가장한 우회 비난도 종종 발생한다. 출산휴가를 마치고 돌아와 상사와 면담을 했더니 "(출산휴가 다녀왔으니) 낮은 고과를 줘야 하는데 특별히 구제해줬어"라고 말한다. 얼핏 후배를 배려하는 듯 얘기하지만, 사실 무슨 의미인가. 출산휴가로 공석이 돼서 불편했다는 복선을 깔면서, 그런데도 나니까 너를 구제해줬다는 식의 생색내기를 하는 것이다.

특정 부서에서 오래 근무한 베테랑 차장 N은 부서장이 다른 사람 앞에서 "우리 N 차장은 이 업무에서 화석이에요"라고 소개하자 칭찬보다는 모욕으로 들렸다고 털어놓았다. 오갈 데가 없고 불러주는 곳도 없어서 이 업무만 해봤고 다른 업무 경험은 없다는 은근한 무시와 무례함을 담아 자신을 폄하했다는 느낌을 받았다는 것이다.

여성 과장 T는 오랫동안 타 부서와 의견 조율이 되지 않았던 현

안에 대해 지속적인 설득과 끈질긴 노력으로 합의를 이뤄냈다. 그런데 부장이 부서원 단톡방에 칭찬이랍시고 "T 과장의 간드러진 설득과 끈기로 업무를 성사시켰다"라는 메시지를 남겼다. 이걸 칭찬으로 받아들일 수 있을까? '간드러지다'의 사전적 정의는 "목소리나 맵시 따위가 마음을 녹일 듯 예쁘고 애교가 있으며, 멋들어지게 보드랍고 가늘다"이다.4 여성으로서의 성적인 매력과 애교로 일을 성사시켰다는 뉘앙스로 충분히 읽힐 수 있다. 남성 상사가 이러한 메시지를 단톡방에 올린 것은 은근한 여성 비하이자 T의 성과를 깎아내리려는 의도가 담겼다고 볼 수밖에 없다. 그렇다고 문제를 제기하면 부장은 분명히 "어, 나는 칭찬하려고 한 말인데"라며 발뺌할 게 분명하다. 미세공격이라는 것이 공격자가 나는 그럴 의도가 없었다고 하면 성낸 사람만 뻘쭘해지는 구조이기 때문이다.

바로 밑의 후배가 돋보여서 행여 자신의 자리를 뺏지 않을까 하는 마음에 후배를 미묘하게 견제하는 상사도 많다. 후배가 자신보다 특정 업무를 오래 해서 아는 것이 많으면 임원이 후배를 좋게 볼까 봐 정보를 공유해주지 않는다. 경영진의 생각이나 방향을 알려주지 않아 후배가 핀트가 어긋나게 보고서를 쓰도록 은근히 유도하기도 한다. 후배의 실수를 해결해주는 척하며 자신이 돋보이도록 포장하는 경우도 있다. 연차가 가까울수록 후배를 챙겨주기는커녕 경쟁자로 인식해 좋은 평가를 받지 못하게 방해하기도 한다.

직원은 직장 상사가 의사나 상담사보다 정신 건강에 더 큰 영향을 미친다고 생각한다. 근로자의 60퍼센트는 자신의 직업이 정신 건

강에 가장 중요한 요소라고 여긴다는 연구 결과도 있다.[5] 입사 8년 차 직원은 "회사에서 좋은 상사 만나는 게 로또 되는 것보다 어렵다"라며 "언제 어디서 터질지 모르는 상사 지뢰밭"이라고 말했다.

자기 사업을 할 때는 사업의 실패가 가장 두렵지만, 직장인에게 가장 힘든 것은 관계이다. 매일 맞부딪쳐야 하는 사람 문제 말이다. 시스템으로 움직이는 대기업에서는 업무 실패가 나 자신의 실패나 회복 불가능한 타격으로 이어지지는 않는다. 하지만 말이 죽어라 안 통하는 상사, 의욕을 꺾는 경직된 회의 분위기, 은근히 무시하거나 말도 안 되는 이유로 발목을 잡는 일이 숨이 막힐 정도로 치명적인 스트레스 요인으로 작용한다.

상사 중에는 '나는 직원들이 무엇이든 편안하게 말하도록 배려하고 열려 있는데 왜 소통이 안 된다는 거지?'라고 생각하는 경우가 많다. 중요한 건 많은 직원이 속마음을 터놓거나 상사의 뜻과 다른 이야기를 하는 데 심리적 안전감을 느끼지 못한다는 것이다. 자리를 깔아주는 게 전부가 아니다. 그동안 상사가 보여준 행동이나 말투가 두려움과 긴장을 유발하고, 이것이 쌓이면 입을 다물게 만든다.

MZ세대가 원하는 소통은 다 들어줄 것처럼 하더니 결론은 상사 입맛대로 내리는 '답정너 소통'이 아니다. 그저 열심히 들어주면 된다고 생각하는 상사와 달리 MZ세대는 이 일을 자신이 왜 해야 하는지, 그것이 자신과 조직의 성장에 어떤 의미가 있는지 등 핵심을 제대로 짚어주는 소통을 원한다.

20년 차 대기업 차장은 "부서 내 인간관계에 대한 고민을 부서장에게 털어놓았더니 알았다고만 하고, 그 위 임원에게 상의했더니 부서장과 얘기하라고 하더라"라며 "후배의 고민을 듣고 아무런 조치도 취하지 않는 부서장과 뒷짐 지고 갈등 상황을 피하려는 임원의 태도에 절망했다"라고 말했다.

힘들어하는 후배를 위로하며 내심 자신은 다르다는 우월감을 내비칠 뿐 솔루션은 제시할 생각이 없고, 후배의 고충에 과거에는 훨씬 더 힘들었다며 사소한 문제로 취급하는 소통의 방식도 전혀 도움이 되지 않는다. "나도 힘든 적 있었는데 이렇게 멋지게 해결했어"와 같은 값싼 위로는 후배를 더 답답하고 절망적으로 만들 뿐이다.

6장 끼지 못하는

사람들

배제의 치명상

기획부서에서 일하는 과장 L은 옆자리의 과장 K가 장시간 자리를 비우자 또 불안해졌다. 회사의 중요한 프로젝트나 태스크 포스Task Force, TF에 자주 불려가는 K가 자신은 모르는 비밀스러운 작업에 또 차출된 게 아닌가 싶어서다. 지난번에 중요한 업무에 K가 투입된 걸 뒤늦게 알고서 가슴에 구멍 난 듯한 열패감을 느꼈던 L은 이번에도 같은 상황이 벌어질까 봐 곁눈질로 동향을 살피며 속앓이를 했다. 직장인이라면 쉽게 공감할 흔한 경험이다.

차장급 간부 S는 자신이 관할하는 자회사에서 창립 기념일에 작은 기념품을 돌렸는데 간부 중에서 본인만 받지 못한 것을 뒤늦게 알고는 '이게 뭐지?' 싶었다고 한다. 본사의 힘 있는 부서에는 업무 연관성이 적은데도 선물을 돌렸는데 정작 업무적으로 직접 연결돼 있는 S의 부서는 쏙 빼놓은 것이었다. 의도적으로 빼놓은 것인지 아예 생각 자체를 못 한 것인지는 알 수 없지만, 자기 부서에 대한 은근한 무시로 받아들일 수밖에 없었다. 기념품은 S가 갖고 싶은 물건이 전혀 아니었지만 나만, 또는 내가 속한 부서만 빼놓았다는 사실에 상당한 불쾌감을 느꼈다.

중요한 회의나 핵심 프로젝트에 번번이 끼지 못하는 것, 다들 아는 정보를 나만 모르는 것, 매주 회의에서 돌아가며 칭찬을 받는데 나는 한 번도 언급되지 않는 것…. 대부분의 조직에는 씨줄 날줄로 조밀하게 엮은 배제의 관계망이 있다.

심지어 고위 임원인데도 1년 동안 사장과 제대로 된 대화를 못 해본 경우도 있다. 새로 부임한 사장이 뚜렷한 이유도 없이 몇몇 임원에겐 눈길도 안 주고 최측근 3~4명하고만 일을 의논하고 결정했던 것이다. 부임하자마자 '나는 너희들과 달라'라는 표정으로 특정 임원들을 아예 투명 인간 취급하더니 다음 인사 시즌에 모두 정리해 버렸다.

코로나 19 기간에 주가가 뛰면서 하루가 멀다 하고 대박 소식이 들려왔다. 나만 빼고 주변의 모두가 주식투자로 큰돈을 버는 것 같았다. 이때 일확천금의 행렬에 끼지 못한 사람들은 FOMO 증후군에 시달렸다. FOMO는 '소외되는 것에 대한 두려움'을 뜻하는 영문 'Fear Of Missing Out'의 머리글자를 따서 만든 용어로 우리말로는

'소외 불안'이나 '고립공포증' 등으로 번역할 수 있다. 옥스퍼드 학습자 사전에는 "멋지고 신나는 일이 지금 어딘가에서 일어나고 있을 것 같다는 불안"으로 설명되어 있다. 자신만 놓치고, 뒤처지고, 제외되는 것 같은 불안감을 느끼는 증상이다.

조직 생활에서 물먹는 것만큼 기분 나쁜 일도 없다. 열심히 일해왔고 나름 일 잘한다는 평가도 받았는데 어느덧 후배는 부서장이 되어 있고 같이 놀던 동료는 임원 후보로 거론되고 있다. 잘못한 것이 없는데 나만 뒤처지고 저평가된 것 같다. 회사 생활에서 '열심히'나 '성실하게'가 최고의 덕목이 아니라는 걸 뒤늦게 깨닫는다. 지금까지 내가 무엇을 위해 열정을 다했는지, 왜 당연하다는 듯 희생해왔는지 '현타'가 오는 순간이다.

조직에서 'Missing Out'은 왜 일어날까? 구성원은 하나같이 소외나 배제를 호환 마마보다 더 무서워하며 자신의 참모습을 감춰서라도 무리에 속하고 싶어 하는데 왜 누가 누구를 밀어내는 일이 발생하는 것일까? 조직의 중심, 즉 메인스트림에서 배제되고 소외되는 이유는 특별한 것이 아닐 수 있다. 그저 주류에 속한 사람들과 비슷하지 않거나 연대감을 형성할 공통분모가 없기 때문이다. 혹은 그냥 초년병 시절부터 가까워질 기회가 주어지지 않았기 때문이다. 눈에 띄는 기준이나 잣대만이 그들을 가르고 밀어내는 것은 아니다.

베인앤컴퍼니가 7개 국가에서 다양한 직급과 조직 규모에 속해 있는 1만 명을 대상으로 실시한 설문조사 결과 인종, 성별, 지역, 성적 지향과 관계없이 대부분의 직원이 완전한 소속감을 느끼지 못하는 것으로 나타났다. 온전한 소속감을 느끼는 직원은 30퍼센트 미만이었다. 베인앤컴퍼니는 소외감을 느낄 때 육체적 고통과 유사한 생물학적 경보가 뇌에 울린다고 지적했다. 이에 반해 포용적인 조직에서는 소속감을 가지는 동시에 개인으로서 존엄하게 대우받는다고 느끼며, 업무에 완전히 몰입하고 개성을 발휘하도록 격려받는 것으로 나타났다.[6]

소속감은 인간의 기본 레벨에서 존중받는 것으로, 아주 근본적인 니즈이다. 하루의 많은 시간을 보내는 직장에서 소속감을 느끼지 못하고 늘 꿔다 놓은 보릿자루처럼 겉돈다면 출근길이 즐거울 리 없다.

상사의 '최애'가 아니어도 성공할 수 있을까

위로 올라갈수록 재량권이 커지고 고과평가, 승진 발탁, 보직 인사 등 아랫사람에 대한 영향력이 더 많이 주어진다. 보스에겐 편향이라는 달콤한 유혹에 빠지기 쉬운 환경이 펼쳐지는 것이다. 인사권을 쥐는 순간 상사는 "물 들어올 때 노 젓는다"라는 식으로 돌봐주고 싶은 후배들을 한껏 챙겨준다. 주변에서 만류해도 "그만큼 해낼 인물도 없다"라거나 "대안이 없다"라면서 자신의 '최애'를 밀어붙인다. 이러한 일은 워낙 만연해서 보스에게 별다른 불이익이 돌아올 리도 없다. 사람들도 잠시 수군거릴 뿐 곧 잊는다.

회사 생활을 오래 할수록 새로운 사람이나 낯선 유형보다는 나와 합을 맞춰봤던 인물, 나를 잘 알고 나에게 맞춰줄 후배와 편하게 일하려고 한다. 그러면서 선후배 간에 형제와도 같은 단단한 유대감을 형성한다. 대형 의료기관의 대표가 사석에서 "똑똑한 사람, 부지런한 사람보다 나에게 잘하는 사람이 제일"이라고 말하는 것을 들은 적이 있다. 대부분의 선배는 비슷한 마음인 것 같다. 비단 그뿐 아니라, 나중에 자신이 조직을 떠나면 본인을 챙겨줄 만한 후배를 후임으로 앉히기도 한다. 그렇게 끈끈한 상하 관계가 대물림된다.

낮은 직급이라면 비슷한 성향이나 동향, 동문끼리 뭉쳐 다니더라도 그것으로 권한을 행사하긴 어렵다. 하지만 높이 올라갈수록 편향은 그들의 무기가 된다.

한 기업에서는 직원들 사이에 사장의 최애 간부로 3~4명이 꼽혔다. 사장이 간부, 임원이던 시절 같은 부서에서 함께 일했던 이들로 워낙 과거에 쌓아놓은 마일리지가 많은 탓에 끝까지 챙김을 받을 멤버들이라는 인식이 퍼진 것이다. 실상도 크게 다르지 않아서 수많은 교육 기회가 이들에게 집중되었으며, 실적이 좋지 않고 심지어 치명적인 업무 실수가 있어도 승진과 평가의 혜택을 싹쓸이했다. 이들 중 한 명은 부서가 폐지되는 위기 속에서도 발탁승진자로 선정돼 '설마' 했던 직원들에게 '역시나'를 안겨주었다. 이런 조직에서 일하는 직원들이 승진이나 성과 평가에 냉소적인 태도를 지니지 않기란 힘든 일이다.

자신이 최애가 되지 못한다면 누구도 최애가 되지 않았으면 하는 바람도 생겨난다. 조직의 절대 다수가 마이너리티이자 아웃사이더로 남아야 배제의 아픔도 옅어지기 때문이다.

다양성 토크에서 한 직원이 "칭찬을 많이 해줬으면 좋겠다. 한 달에 한 번 정도 전 직원에게 이메일을 보내 이달의 우수 직원을 선정해 격려해주고 자그마한 포상도 해주면 좋겠다"라고 의견을 제시했다. 바로 수용하려고 했는데, 다른 직원이 "나는 반대한다. 만약 우수 직원을 선정해 칭찬하면 여기에 포함되지 못한 수많은 나머지 직원들이 실망하고 위축될 것"이라고 이야기했다. 칭찬받는 기쁨보다 칭찬에서 소외되고 최애가 되지 못하는 'Missing Out'의 두려움을 더 크게 느낀다는 것이다.

회식에는 여전히 건배 제의가 존재한다. 건배사를 시키기도 하지만, 시키지 않아도 나서서 목청껏 건배사를 하며 분위기를 띄우고 보스에 대한 아부를 적절히 섞어 진행을 도맡는 이들이 여전히 있다. 윗사람이 이들을 좋아하는 걸 모두가 느낀다. 이와 같은 전통적인 회식을 즐기는 사람은 일부일 뿐, 90퍼센트는 불편해한다. 꼭 저래야 하나 싶으면서도 끝내 회식에 빠지지 않는 것은 최소한 상사의 눈 밖에 나지는 않겠다는 결연한 의지에서다.

회사마다 누구는 P 상사 라인, 누구는 J 상사 라인이라는 식의 말이 돈다. 라인이 형성된 이유는 다양하다. 가장 흔한 것이 같은 고향, 같은 학교 출신이라는 것이다. 정기 인사이동에서 "이번엔 K대가 전멸이고, Y대가 싹쓸이했다"라는 이야기가 도는 등 출신 대학에 따라 희비가 엇갈린다. P 상사가 H를 각별히 아끼는 이유가 고향이 같다거나 고등학교 동문이라서 그렇다는 얘기는 어느 조직에서나 들린다. 과거에 같은 부서에서 근무했다는 경력이 라인을 만들기도 한다. 유독 잘나가는 직원에 대해 "그 친구는 ○○부서 출신이잖아"라고 얘기하는 경우가 종종 있다.

리더는 중요한 업무를 맡길 후보를 추릴 때 개인적인 네트워크에 의지하곤 한다. 문제는 사람은 자기와 비슷한 사람에게 끌리기 마련이라는 것이다. 사회과학자들은 이런 현상을 동종선호라고 부른다.[7] "괜찮은 사람 없어?" 늘 그렇듯 추천을 받아 인재를 찾는다면 결과는 항상 비슷할 수밖에 없다.

편애는 조직에 만연해 있다. 편애하는 당사자는 펄쩍 뛰면서 부인하겠지만 이것이 누구나 알면서도 말하지 못하는 현실이다. 편애의 여파는 생각보다 심각해서 업무만족도와 팀 분위기에 상당한 타격을 준다. 《하버드비즈니스리뷰》는 "상사의 최애가 아니어도 성공하는 법"이란 아티클을 발표해 반향을 일으킨 바 있다. 아티클에 따르면 관리자의 56퍼센트가 공식적인 승진 검토 절차가 시작되기도 전에 대상자로 평소 좋아하던 직원을 염두에 두고 있었으며, 미리 점찍어둔 편애 대상자는 실제로 96퍼센트의 확률로 승진을 했다. 84퍼센트의 관리자가 승진자를 결정하는 데 편애가 결정적으로 영향을 미친다고 인정했다. 편애는 미묘하고 주관적인 감정으로, 기준이 없으며 수치로 나타내기 어렵다.[8]

편애에서 배제된 사람은 불공정하다고 생각하고 불안과 분노를 느낀다. 그리고 현실을 실제보다 더 부정적으로 인지할 가능성이 높다. 상사의 많은 긍정적 발언은 모두 잊고 부정적 발언 하나에 매몰되어 스스로를 비참하게 여기는 마음의 함정에 빠진다. 매사에 위축되면 상사의 간단한 지시나 질문에도 얼어붙어 제대로 대응하지 못하게 된다.

직장인이 활동하는 익명 커뮤니티 애플리케이션인 블라인드에는 상사의 편애에 따른 고충이 많이 올라온다. 한 직장인은 "정치질로 인한 불공정한 고과와 보상 없는 무의미한 노력에 지쳐가고 있다"라며 "팀장은 자신과 친하고 자기 말을 잘 듣는 사람들을 주요 보직에 추천하고 고과도 마사지하여(대충 주관적으로 판단해서) 혜택을 준다는 소문"이라고 털어놓았다.

한 중견 간부는 "직원의 90퍼센트가 재택을 하는 세상이 와야 그나마 끼리끼리 문화가 없어질 것 같다"라고 했다.

학연, 지연, 혈연, 심지어 ROTC연

과거부터 있었던 편향의 문화는 세월이 지나도 쉽게 사라지지 않는다. 같은 고향 출신이거나 같은 고등학교, 대학교를 나온 것이 내집단 형성의 중요한 단초가 된다. 처음 직장에 들어가면 아는 사람이 하나도 없는 상태에서 고향이나 학교를 중심으로 뭉치며 소속감을 형성하기 시작한다. 특정 학교의 동문회는 유독 선후배 간에 유대감이 돈독해서 단단한 인맥의 산실이 된다. 신입 사원이 대선배를 만나서 쉽게 친해질 수 있는 절호의 찬스이다. 상사가 어느 학교 출신인지가 나의 진로에 중요한 변수로 작용한다.

한 고위공직자는 전라도 출신인데 고향을 숨기다 호남 정부가 탄생하자 그때야 고향을 밝혔다는 비난을 받았다. 정권에 따라 고향이 서울이었다가 전라도였다가 하냐며 출세욕이 과하다는 지적을 받았지만, 한 번 더 뒤집어보면 아무리 우수한 자질을 가지고 있어도 고향 때문에 진급을 못 할 수도 있는 시대였음을 의미한다. 오죽하면 '고향 세탁'이란 말이 나왔을지, 그 상황이 안타까울 뿐이다.

모 기업에서는 학연, 지연, 혈연을 기반으로 한 사조직을 엄금하고 적발 시에는 불이익을 주겠다고 경고한 적이 있다. 아이러니한 것은 이 방침을 누구보다 강조하던 회사의 고위 임원이 고향 모임을 적극적으로 이끌며 후배들을 챙겼는데, 본인은 사조직이라고 인식조차 하지 못했다는 점이다. 회사 내 인맥 정치가 나쁘다고 선을 그으면서도 자신도 모르게 빠져드는 것, 그만큼 만연해 있고 달콤한 것이 연줄의 문화이다.

끼리끼리 집단에 끼지 못하는 사람들도 많다. 서울이나 수도권 출신이거나 규모가 작은 학교를 나온 경우, 상대적으로 회사에서 동문회의 영향력이 크지 않은 여중, 여고, 여대를 나온 경우, 유학파인 경우, 대학교를 나오지 않은 경우에는 내집단을 형성하기 어렵다. 그들은 끌어주는 선배 한 명 없이 고군분투해야 하고 출발부터 불리한 상황에서 뛰어야 한다.

학연, 지연, 혈연뿐 아니라 군대 인맥도 각별하다. 많은 대기업에서 ROTC(학군사관후보생) 출신이 관리자층에 포진하면서 직장인이 경력 궤도에 순탄하게 올라타는 데 강력한 지원군 역할을 하고 있다. 몇 년 전까지만 해도 대기업에서는 ROTC 출신이 리더십과 책임감이 있다고 판단해 특별 채용 전형을 진행하기도 했다.

대기업 입사를 위해 면접장에서 대기 중이던 한 취준생(취업 준비생의 줄인 말)은 다짜고짜 "자네 몇 기인가?"라는 낯선 사람의 질문을 받고 자동반사적으로 일어서서 "저는 ○○기입니다"라고 대답했다고 한다. 질문한 사람은 슬며시 미소를 짓고 갔는데, 알고 보니 회사 인사팀장이었고 이 취준생은 합격했다고 한다.

학벌로 인한 차별과 편 가르기도 여전히 존재한다. 모 유통회사는 7명의 사외이사 중 2명을 제외하고 모두가 유수의 해외 대학교 박사 출신 교수들이었다. 사외이사진에 학사 출신이 새로 합류하자 박사 출신 이사들이 은근히 싫어하는 눈치였다고 한다. '왜 저런 사람이 우리 멤버에?' 하는 분위기였다는 것이다. 학사 출신의 신임 사외이사는 업계에서 굵직한 성과를 내고 핵심 보직을 두루 경험한 고위 임원 출신이었지만 학벌에서 밀려 미묘한 소외감을 느껴야 했다.

H 기업의 기술 연구소에서는 몇 년 전부터 박사 위주로 인력을 채용하기 시작하면서 기존의 학사나 석사급 인력이 상대적으로 소외감을 느꼈고 그 결과 기존 직원들은 신규 박사 인력에게 노하우를 전수하는 것을 꺼리게 되었다. 승진할 때도 박사 출신을 우대하면서 실무로 다져진 실력 있는 차부장급들은 조용한 퇴사의 길로 들어섰다. 이론이나 지식보다는 실제 경험이 중요한데, 시행착오를 여러 번

겪고 세계 최초 제품을 만들며 노하우를 쌓아온 실무진들은 어느 순간 뒤로 밀려나고 명문대 출신 박사가 아니면 고위직 승진이 어려운 분위기가 형성된 것이다.

외국어고등학교나 과학고등학교와 같은 특수목적고등학교(이하 특목고) 출신이라는 것도 탄탄한 인맥을 형성할 수 있는 강력한 네트워크이다. 비교적 경제적으로 넉넉한 집안에서 자랐고, 엘리트의식을 지니고 있으며, 사회에서 잘나가는 선배들을 다수 보유한 특목고 출신들이 직장에서 차세대 핵심 인력으로 주목받는 중이다. 과거 K1(경기고등학교), K2(경복고등학교)로 통칭하던 양대 명문고등학교 출신들이 자리다툼하던 곳에 특목고 출신들이 터를 잡았다고 할 수 있다.

이것도, 저것도, 아무것도 없는 직원들은 출발부터 쉽지 않다. 단순히 같은 지역, 학교, 군대 출신이라고 챙겨주고 보이지 않는 특혜를 주는 게 지금의 시대적 맥락에 맞는 건지 짚어봐야 한다.

눈에 보이지 않는 존재

함께 고생하거나 망가지면서 쌓이는 연대감만큼 강한 것도 없다. 주기적으로 술자리를 가지며 서로 인사불성에 고주망태가 되도록 무너지고 망가지는 모습을 보여주는 남성에게 여성은 불편한 존재이다. 만났다 하면 지난번 술자리에서의 민망한 무용담을 얘기하면서 서로 낄낄대는 남성들 사이에 끼어 있는 여성 입장에서도 어떻게 반응해야 할지 난감하다. 한 여성 과장은 "회식 자리에서 충성주를 받아 마시고 아부도 해야 하는데, 술 안 마시고 맨정신으로 흐트러짐 없이 앉아 있는 여성을 편한 동료라고 여기겠어요?"라고 했다. 남성 연대에 끼기 위해 좋아하지도 않는 술을 마시고 주말에도 가족과의 시간을 포기한 채 골프 모임에 참여하는 것은 물론 혐오식품까지 함께 먹는 여성도 적지 않다.

중요한 거래나 의사결정은 사무실이 아닌 곳, 예컨대 골프장이나 술집, 흡연장 등 남성이 중심인 환경에서 이루어지는 경우가 많다. 사무실 바깥에서 업무와 오락을 겸한 활동을 함께하며 한층 끈끈한 관계를 다지고 나아가 서로에게 든든한 지원군이 되어주기로 묵시적인 약속을 한다. 여성은 남성 동료와 스스럼없이 어울리려고 노력하지만, 남성은 미투운동에 도리어 펜스 룰pence rule로 대응하며 여성 동료나 후배와 교류하기를 꺼리는 모습을 보인다.

흡연장은 아직도 회사의 주요 의사결정이 이루어지는 공간이다. 회의가 끝나고 삼삼오오 모여 담배를 피우며 정보도 교환하고 서로에게 유리한 업무상의 이야기를 주고받는다. 즉시 사무실에 복귀해 업무를 시작하는 비흡연자, 그중에서도 주로 여성들은 흡연장에서 이뤄지는 결정에서 흔하게 배제된다.

회사마다 은밀하고 험한 업무가 있다. 불법은 아니지만, 밖에다 터놓고 얘기하기 어려운 음지의 일 같은 것이다. 이와 같은 일은 어렵고 힘든 한편으로 그에 상응하는 보상과 권력이 주어진다. 그런데 남성의 연대는 그들만의 음지 세계에 여성을 들이려 하지 않는다. 여성에게 음지의 일을 거론하는 것 자체를 껄끄럽게 여긴다. 권력부서에 여성이 끼지 못하는 이유도 이와 무관하지 않다. 군대에서 상명하복과 '까라면 까'라는 문화를 겪은 남성 입장에서 여성과는 그런 일을 함께할 수 없다고 생각한다.

가장 답이 없는 것은 굳이 여성을 밀어내려 하는 것이 아니라 아예 떠올리지 않는 것이다. 그들 눈에 여성은 투명 인간과 같을 때가 있다. 별다른 악의는 없을 수도 있지만, 프로젝트를 하거나 주요 보직 인사를 할 때 여성은 생각조차 하지 못한다. 여성을 은연중에 무시하거나 함부로 대해도 되는 대상으로 여기기도 한다.

나의 담당 업무인데 고객이나 동료가 다른 남성 동료에게 물어보며 나와는 눈을 피한다든지, 회식이나 모임과 같은 업무 외 활동에 초대받지 못한 경험은 여성에겐 익숙하다. 손님 맞이나 다과 준비 같은 낮은 수준의 작업을 여성에게 수행하도록 요청하는 행위도 사라지지 않고 있다.

대기업의 한 여성 부사장은 고위 임원 7~8명과 함께 해외 고객사 초청 만찬에 참석했는데, 식사 말미에 사장이 자신을 호명하며 고객사 대표에게 꽃다발을 전달하라고 했다고 한다. 2020년대에도 여전히 꽃은 여성이 전달해야 한다는 불문율이 있는 모양이다.

한 여성 부장은 자기가 보는 앞에서 타 부서원이 자신의 부서원을 찾아와 큰소리로 시비를 거는 걸 보고 모멸감을 느꼈다. 끗발 있는 남성 부서장 앞에서도 똑같이 행동할 수 있었을까. 부서장이 여성이라고 부서의 권위를 무시하는 것 같다는 생각을 떨칠 수 없었다.

남성 중심의 세계에서는 서로를 형님 아우로 여기며 재량을 발휘해 예외와 변칙까지 허용해가며 돕는다. 유통회사에서 영업의 고수로 불리는 여성 간부 D는 30년 가까이 회사 생활을 하며 황당하고 믿기 힘든 대우를 받은 적이 많았다고 털어놓았다. 보통 자택에서 50킬로미터 이상 떨어진 지역에 배치되면 회사에서 사택을 제공해주는데, D는 근무지와 자택의 거리가 47킬로미터라는 이유로 사택을 받지 못했다. 그러려니 하며 지내고 있었는데 나중에야 남성 동료는 거리가 50킬로미터 언저리이기만 하면 모두 사택을 받은 사실을 알게 됐다. 즉 40~45킬로미터만 넘으면 눈 질끈 감고 사택을 마련해준 것이다.

D는 1년 내내 영업 1위를 해서 창립 기념 표창을 받기로 했다가 설명도 없이 제외되고, 회사가 전액 지원해주던 사택 이사 비용도 납득하기 어려운 이유로 못 받은 적도 있다고 했다. 영업 지점의 예산을 담당하는 부서장이 자신과 친한 지점장들에게만 활동비를 지원해주면서 D는 빼놓은 적도 한두 번이 아니고 D에게 배정된 예산을 슬쩍 가로챈 동료도 있었다. 임원이 전 지역을 다니며 격려 행사를 하는데 D가 맡은 지점에는 한 번도 오지 않았다. D는 격려 행사가 진행된다는 것조차 뒤늦게 알았다. "그냥 그들 눈에 여성은 아예 안 보이는 것 같다"라고 D는 한탄했다.

한 생활용품 판매회사의 영업·마케팅총괄 임원과 60여 명 간부가 함께한 회의에서 있었던 일이다. 남성 임원 Y는 회의가 시작되자마자 여성 간부 B를 향해 "당신 똑바로 못 해? 뭐 하나 제대로 하는 게 없잖아"라고 시작해서 10여 분간 B만 거칠게 몰아세우다 회의를 끝냈다. B는 충격을 받고 밤늦게까지 사무실에 꼼짝 않고 앉아서 자신이 인신공격에 가까운 난타 대상이 된 이유를 생각해보았지만 알 수 없었다. 다음 날 Y가 강제로 불러내 한다는 말이 "최근에 집안에 우환이 있어서 예민했다. 미안하다. 마케팅을 가장 잘하는 당신을 깨야 다른 간부들이 경각심을 가질 거라고 생각했다"였다고 한다. 집안일 때문에 화풀이를 했다니. 만약에 여성 임원이 이런 '히스테리'를 부렸다면 전사적 이슈가 되고 조직의 뭇매를 맞았을 것이다.

한 여성 과장은 자신의 보고서에서 오탈자를 본 상사가 "아이를 낳으니 호르몬이 이상해진 거냐"라며 나무랐을 때 엄청난 모멸감을 느꼈다고 했다. 상사의 이런 발언은 의도성이 다분히 있는 미세폭력으로 미세공격의 위험수위 상단에 위치한다.

한 여성 팀장이 산하 남성 부서장과 지방 출장을 가게 됐을 때의 일이다. 이 부서장은 업무 담당자인 여사원을 출장지에 대동하기 부담스러우니 다른 업무를 담당하는 남성 직원을 대신 데려가겠다고 보고해왔다. 당연히 안 되는 일이었다. 더욱 어이가 없었던 것은 여성 상사와 출장을 가는 것이면서 여성 후배가 불편하다고 보고한 대목이었다.

골프를 치러 가면 남성들은 동행자끼리 시도 때도 없이 멀리건(티샷이 잘못되었을 때 벌타 없이 다시 한번 치게 해주는 것)을 주고받는다.

이런 일이 직장에서도 자주 일어난다. 딱히 멀리건이 필요 없는 여성의 존재 자체를 잊은 채 자기들끼리 "한 번 더 쳐, 다시 쳐" 한다. 남성이 자신들의 세계에 푹 빠져 여성의 존재 자체를 보지 못할 때 일어나는 일이다.

당신이 우리 회사를 잘 몰라서 그러는데

우리나라 대기업에는 순혈주의 전통이 있다. 공채로 채용한 신입 사원이 한 직장에서 평생 일하다 퇴직하는 일이 다반사이고, 경력직으로 입사한 사원이 소수이던 시절이 있었다. 지금은 경력직 채용이 많이 늘어났고 기업마다 순혈주의를 깨기 위한 노력이 이뤄지고 있지만, 직장마다 경력직에 대한 은근한 배제가 여전히 존재한다. '같은 값이면' 경력직보다는 공채 출신을 우대하고 공채와 경력직 사원은 서로 가는 길 자체가 다르게 업무를 배치하는 기업도 있다. 첫 직장을 떠나 다른 곳으로 이직하면 필연적으로 마이너리티가 되는 것이다.

공채 사원은 회사가 처음부터 뽑아 키우는 자기 사람이라는 인상이 강하다. '날 것'의 상태일 때 잘 가르쳐서 회사가 원하는 인재로 키운다는 의미가 있는 원석들이다. 공채는 회사의 기반이라고 인식되고 애사심도 강할 것으로 여긴다. 사내에서 성장할 때도 토대 자체가 다르다. 입사 동기, 기수별 선후배가 조직에 촘촘히 퍼져 있어

'아는 형님'이 많고 정보력도 강하다. 정서적으로도 회사가 어려울 때 월급 덜 받으며 '친정'을 위해 희생해주는 사람들이 공채 출신이라는 믿음이 있다.

반면 중간에 필요에 의해 뽑는 경력직은 키운다기보다는 오자마자 즉시 전력이 되는 용병의 개념에 가깝다. 경력직은 한 번 옮긴 만큼 언제든 또 떠날 수 있다는 인식이 강해 로열티를 끊임없이 의심받는다. 당장 필요해서 채용했을 뿐, 사내에서 든든하게 지지자가 되어주는 사람은 없다. 그렇기에 이들은 배제되지 않기 위해 단전에서부터 친화력과 사교성을 끌어올려야 한다. '친자(공채)'와 '서자(경력직)'의 차이는 영원히 좁혀지지 않는다는 우스갯소리도 있다.

요즘은 경력직을 대놓고 차별하는 곳은 거의 없다. 공채 출신이 보기엔 전혀 문제가 없다고 느껴질 정도로 아주 미세한 배제와 소외가 있을 뿐이다. 그러나 당사자인 경력직 입장에서는 공채 출신과의 갭이 전혀 미미하게 느껴지지 않는다.

경력직이 가장 아쉬워하는 것은 본인이 들어가 함께 일하는 조직의 사람들에 대해 잘 모른다는 것이다. 모든 일이 사람을 통해 이뤄진다. 어디에 어떤 리소스가 있는지를 파악하는 것도 사람을 통해서고, 타 부서나 선후배의 도움 없이는 일이 잘 돌아가지 않는다. 같은 업무 협조라 할지라도, 도움을 청하는 이가 낯선 이방인인지 친한 동료인지에 따라 결괏값이 확연히 달라진다.

경력직 사원이라도 직급이 낮으면 아는 사람이 적은 것이 불편하긴 하지만 회사 생활에 엄청난 걸림돌이 된다고 느끼진 않는다. 그러나 직급이 높아질수록 이것이 직장 생활에서 상당한 약점이 된다는 사실을 깨닫는다. 선임 간부가 되고 부서장이 되면 타 부서의 협조를 이뤄내는 커뮤니케이션 능력이 업무의 70퍼센트를 차지한다. 이때 신입 사원 시절부터 다져온 동료와의 연대의식, 인맥과 네트워크는 매우 중요하다.

경력직으로 전자 회사에 입사한 한 직원은 "퍼포먼스를 내기 힘든 구조이다. 입사 후 한두 달은 방치되고, 반년 정도는 상세한 인수인계 없이 투입되어 시스템과 업무 매뉴얼, 일하는 관행을 모르니 허둥지둥 적응하느라 정신없다. 문제에 부딪히면 '라이트 퍼슨right person(문제 해결의 열쇠를 쥔 바로 그 인물)'을 모르니 한 번에 처리할 걸 파도타기를 몇 번씩 하느라 시간을 허비한다"라고 말했다. 이러다 보니 업무에 속도가 나지 않고 결국 '고인물들의 잔치' 속에 잡무 처리반으로 전락하게 된다는 것이다.

한 회사의 경력직 사원은 입사 후 큰 불편 없이 적응했다고 생각했지만 사소한 일에서 허탈함을 느꼈다고 했다. 자신이 총무과에 사무실 비품을 요청했을 때는 재고가 없어서 지원해줄 수 없다는 답을 들었는데, 공채 출신인 다른 직원이 요청했을 때는 군말 없이 어디선가 물품을 가져왔다는 것이다. 회사 일에 필요한 물품 하나를 지원받을 때도 낯선 사람이 할 때와 친분 있는 사람이 할 때의 결말이 이렇게 다르다.

새로운 직장으로 옮기면 기존 업적과 경력은 리셋된다. '어디 얼마나 잘하나 보자'라는 따가운 시선과 한 번이라도 삐끗하면 '저런 사람을 왜 뽑았지' 하는 싸늘한 피드백에 부딪힌다. 신입 사원 때부터의 성장 과정을 쭉 지켜봐온 동료나 선배가 있다면 한두 번의 실수가 있어도 믿고 기다려줄 텐데, 그런 사람이 없으니 매번 맨땅에서 자신을 증명해 보이는 노력을 기울여야 한다.

광고대행사를 다니다 식품회사로 옮겨 수년간 일했던 한 차장급 간부는 부서 선배와 동료로부터 "당신이 (우리 회사를) 잘 몰라서 그러는데"라는 얘기를 수도 없이 들었다. 외부 출신은 죽었다 깨어나도 이 회사가 돌아가는 메커니즘을 알 수 없다는 공채 출신의 우월감이 담긴 화법이다.

경력직은 일에 집중하고 일을 일로서만 풀어나가기도 힘들다. 스스로 판단하고 설득해서 추진해나가는 게 쉽지 않다. "회사 분위기를 몰라서 이상적인 얘기만 한다"라거나 "우리 업業을 모르는 소리를 한다"라면서 은근히 기를 꺾는다. 아예 차단막이 쳐진 것 같은 환경에서 일하다 보니 갈수록 의욕을 잃고 조용히 처박혀 시키는 일만 하자는 자세로 바뀐다. 몇 번 일에서 좌절을 겪으면 점점 의기소침해지고 말수가 적어지며 더욱더 '아싸'로 몰린다. 열심히 일해도 내가 뭔가를 할 수는 없겠다는 생각이 자리 잡는다.

경력직은 직급이 높을수록 더 큰 경계의 대상이 된다. 공채 출신은 몇십 년 동안 한 직장에서 뼈를 갈아 넣어 이제 자리를 잡았는데, 알 수 없는 외부인이 끼어들어 티오TO를 잡아먹는다고 생각한다. 경력직이 자신들의 밥그릇을 위협하는 존재인 것이다. 게다가 경력직 입사자는 공채 출신보다 평균 연령이 낮은 경우가 많은데 이것 역시

마땅치 않은 부분이다. 한 경력직 간부는 전직 3~4년 후 회사 동료들과 술자리를 가졌는데 그중 한 명이 "(당신이 처음 영입돼 왔을 때) 솔직히 못마땅했고, 저 사람이 좀 안 풀렸으면 좋겠다는 생각도 했다"라고 솔직히 말해서 깜짝 놀란 적이 있다고 했다.

경력직으로 굴러온 돌이 그동안 자기들끼리 일궈 놓은 과실을 나눠 먹거나 숟가락 얹는 것도 싫고 그들의 영역에 발을 디디는 것도 불만이다. 경력직은 박힌 돌들 틈을 비집고 들어가 그들의 마음을 얻고 한편이 되기 위해 부단히 노력해야 한다.

새로운 직장에 경력직으로 들어가는 경우뿐 아니라 터줏대감들이 장악한 부서에 뉴페이스로 합류하는 경우에도 박힌 돌들의 경계에 부딪힌다. '어디 한번 보자'라는 식으로 신규 부서원의 실수와 실패를 기다린다. 공채 출신으로 새로운 부서에 배치받은 중간 간부 C는 해당 부서에서 수년째 근무한 기존 사원들이 "업무를 모른다"라며 은근히 깔아뭉개고 자신이 쓴 보고서를 두고 쑥덕이는 것을 여러 차례 목격했다고 한다. C에게 보고해야 할 사안인데 부서장에게 직접 이메일을 보내고 C는 참조자로 넣는 등 슬며시 무시하기도 했다. 새로운 업무를 하려니 배울 것도 많고 익숙하지 않은 것도 당연한데 그 부서에 오래 근무했다고 후배 사원들까지 유세를 부린 것이다. C는 어디에 내놓고 하소연하기도 낯뜨거워서 혼자서만 끙끙 앓았다고 한다. 이렇게 고인물들은 그들만의 촘촘한 네트워크로, 또 오래 다닌 정보력을 무기로 단단한 리그를 결성한다.

어떤 사업부의 경우 오랜 기간 일해온 터줏대감들을 중심으로 일종의 카르텔이 형성되어 있다. 그들의 입맛에 맞지 않는 사람을 배척하고 왕따시키며 카르텔을 오랜 기간 공고하게 유지한다. 카르텔의 문제점을 지적하면 응징당하기 때문에 다들 알면서도 눈 감는 분위기이다.

텃세와 견제는 임원에게도 예외가 아니다. 지인이 모 대기업에 상무로 영입되어 갔을 때 한동안 회사 임원들이 복도에서 마주쳐도 투명 인간처럼 지나치고 눈도 잘 마주치지 않았다고 한다. 회의장에서 그들끼리만 아는 농담을 주고받으며 웃어대는데 혼자만 끼지 못해 멋쩍은 미소를 짓고 앉아 있는 자신의 모습이 바보처럼 느껴졌다고 털어놓았다. 그런데 그것보다 더 황당했던 것은 그의 직속 상사나 동료가 "처음 오셨으니 적응하면서 한 6개월은 좀 쉬엄쉬엄 하시라"라며 일을 맡기지 않았다는 점이다. 임원은 매해 평가를 받고, 그해 성과나 업적이 좋지 않으면 바로 짐을 싸야 하는데, 6개월은 쉬라니 말도 안 되는 조언이었다. 새로 온 임원이 뾰족한 성과를 내거나 혁신을 시도하는 것 자체가 못마땅한 것이다. 지금까지 그들의 세계에서 자기들끼리 잘해왔는데 외부인이 침범해 "이건 잘못됐다"라고 지적할까 봐 미리 방어선을 치는 것이라고 볼 수 있다.

나는 한 후배에게 "작년에 일하시는 걸 가까이서 보니까 어느 정도 로열티는 입증되셨고"라는 얘기를 들은 적이 있다. 그 후배는 회사 내 성골로 분류되는 핵심부서에서 오래 근무한 간부였는데, 외부 출신인 나에게 '당신의 로열티 점수는 커트라인 통과'라고 인정해주는 것 같았다. 칭찬인가, 모욕인가. 겉으로 보이는 의도는 칭찬과 인정이지만 이면에 깔려 있는 건 미묘한 차별이다. 공채 출신이 벼슬은 아닌데 그들은 직위가 높든 낮든 경력직에 대해 재단하고 평가하며 때론 "그만하면 인정해줄게"라고 한다.

이제는 이직을 못 하면 낙오자라는 말이 돌 정도로 직장을 옮기는 것이 트렌드가 됐다. 직장을 하나의 스펙으로 여겨 짧게 다니는 '잡호핑job hopping족(직업을 의미하는 'job'과 뛰는 모습을 의미하는 'hopping'의 합성어로, 여러 번 직장을 옮기는 사람)'도 적지 않다. 큰 비용을 들여 전문성 있는 인재를 영입했는데 일할 환경이 제대로 조성되지 않아 그들이 능력을 발휘하지 못한다면 기업 입장에서는 엄청난 낭비일 것이다. 개인에게도, 조직에도 큰 손해이다.

코어부서와 머글부서

회사에도 잘나가는 코어부서와 힘없는 머글부서가 있다. 영국의 작가 조앤 K. 롤링Joan K. Rowling의 소설 《해리 포터》 시리즈에 나오는 마법 지팡이의 심지core와 같은 핵심부서, 마법 능력이 없는 보통 인간muggle과 같은 일반부서가 나뉘는 것이다. 같은 회사 직원이라고 해서 다 똑같은 대우를 받는 건 아니다. 신라가 성골과 진골, 육두품 등으로 신분을 구분했다면 회사에서는 핵심과 기타 등등으로 계급이 갈린다. 코어부서에 소속된 구성원은 인사이동과 승진에서 알게 모르게 혜택을 받는다. 단지 그 부서에 속해 있다는 이유로 유능한 직원인 양 대우를 받기도 한다. 때로는 성과급에서도 큰 차이가 난다.

어느덧 코어부서는 갑이 되고 나머지 부서는 을이 된다. 갑은 을을 윽박지르고 사사건건 트집 부리며 발목을 잡기도 한다. 이러한 일이 이어지면 내부 부서원들끼리 선민의식을 확대재생산하고 자신들이 전지전능한 능력자인 양 착각에 빠지면서 달콤한 권력의 맛에 취하기 쉽다. 본인도 인지하지 못하는 사이에 자신은 남들보다 우월하다고 생각하게 된다. 머글들은 많이 억울하다. 똑같은 스펙으로 당당히 입사했는데 배치된 부서에 따라 누구는 '핵인싸'가 되고 누구는 '아싸'이자 주변인이 되다니 공정하지 못하다고 느끼는 게 당연하다.

핵심부서는 힘 있는 선배가 후배를 끌어주면서 단단한 권력의 연대를 형성하는데, 나머지는 아무리 노력해도 권력의 근처에 가기 힘들다. 머글부서의 직원들은 자연스레 박탈감을 느낀다. 내가 못나서, 또는 모자라서 주변부로 밀려났나 싶어 자괴감을 가지기도 한다.

기업마다 잘나가는 부서는 조금씩 다르다. 어떤 기업은 기술개발 관련 부서가, 어떤 곳은 영업 관련 부서가, 또 다른 곳은 자금 관련 부서가 잘나간다. 상당수 기업에서는 최고경영자를 지근거리에서 보좌하는 재무와 인사 라인이 권력의 핵심으로 꼽는다. 재무팀은 매출과 이익을 따져 회사 살림살이 전반을 관리하고 예산을 편성하기 때문에 밉보이면 사업을 추진하는 데 필요한 돈을 지원받기 힘들다. 인사팀은 회사 전반의 인사이동, 조직개편, 승진 인사를 총괄하며 직원들의 후생에 직접적인 영향을 미치는 조직이기에 역시 밉보이면 회사 생활의 난이도가 크게 높아진다.

두 부서가 힘이 있는 이유는 최고경영자를 가장 자주 접하고, 직접 보고할 일이 많은 리포팅부서이기 때문이다. 회사의 운영 상황을 수시로 보고하며 특정 부서의 문제점, 임원이나 직원에 대한 인물평도 함께 전달한다. 많은 기업에서 재무팀과 인사팀은 경영진의 의사결정을 보좌하는 일종의 '문고리 2인방'이다. 모 대기업의 사장은 매일 아침 재무, 인사 팀장과 함께 3자 회동을 하며 전날의 주요 동향과 이슈를 논의하는 것으로 일과를 시작한다고 한다. 재무, 인사 팀장에게 잘못 보이면 언제든 부정적인 평가가 사장에게 전달될 수 있는 구조이기 때문에, 자연스럽게 이들에게 힘이 실린다.

인사팀은 조직개편과 인사 배치를 직접 디자인하면서 본인들 인맥을 요직으로 끌어주고 승진 우선순위에 올리기도 한다. 규모가 큰 기업일수록 리더가 직원 개개인을 알지 못하니 인사팀에서 짜온 안을 크게 수정하진 못한다. 한 서비스 회사에서 AI 관련 부서를 신설하면서 부서장으로 평판이 좋지 않은 인물을 선임했는데, 알고 보니 인사팀장의 고향 후배였다. 그 부서장은 새로운 부서의 방향을 세우는 동안 사내에 온갖 잡음을 일으키다 1년도 못 돼 이직했다. 무리수라는 걸 알면서도 힘 있을 때 한번 챙겨준다는 식의 무책임한 권력 행사가 수많은 비핵심부서 직원들에게 상처와 좌절을 안겨준다.

그룹이나 지주 조직의 경우 계열사·자회사 위에 군림하는 경우가 종종 있다. 계열사의 업무를 조율하고 서로 시너지를 내도록 역할을 다해야 할 그룹 조직이 우월의식으로 계열사를 대하고 본인들 의견을 따르지 않거나 이견을 내면 못마땅해하며 용인하지 않는다. 지금도 지시와 명령, 일방통행식의 고압적 문화가 꽤 많이 남아 있는 곳이기도 하다.

어느 그룹 계열사 부서장은 "그룹 조직에 업무를 보고하려고 했더니, 먼저 반성문부터 써오라고 하더라. 기존의 업무 내용이 뭔가 맘에 안 들었는지 통렬한 자기반성을 먼저 하고 향후 업무 계획을 보고하라는 것이었다. 반성문도 퇴짜에 퇴짜를 맞느라 최종 업무 계획을 승인받기까지 8개월이 걸렸다. 한마디로 블랙코미디"라고 말했다.

또 다른 실무자는 그룹 조직에 제출할 보고서를 썼는데 피드백이 올 때까지 기다리라고 해서 금요일 저녁에 퇴근도 못 하고 사무실에 남아 있었다고 한다. 그런데 금요일 저녁 9시에 온 피드백이 "표의 실선을 점선으로 바꿔라"였다는 웃지 못할 일화를 들려주었다.

경직된 문화 탓에 윗선에 보고를 못 하고 몇 달씩 끙끙 앓는 경우도 많다. 그룹 조직이 버럭 할까 봐, 된통 야단맞을까 봐 무서워서 하루이틀이면 끝날 보고서를 서너 달씩 깔고 앉아 시간만 축내는 것이다.

영국 셰필드대학교 한국학 교수이자 인류학자이며《초기업》의 저자인 마이클 프렌티스Michael Prentice는 2014년부터 1년간 한국의 대형 지주회사 인사팀에서 일하며 사옥의 제일 높은 층에는 회장실과 지주회사가, 낮은 층에는 그룹 내 가장 규모가 작은 계열사가 자리했다는 이야기를 전했다. 이는 지주사와 계열사 간 서열에 따라

사무실이 배치된다는 걸 보여주는 사례이다.⁹

일일이 그룹 조직의 컨트롤을 받다 보니 계열사 본부장이 사업의 중대 결정 사항을 일주일 전까지 모르는 상황도 발생한다. 회사의 고위 임원인 본부장조차 그 위의 조직에 의사결정권을 빼앗겨 스스로 할 수 있는 일이 많지 않은, 믿지 못할 상황이 벌어지는 것이다. 임원 위에 임원, 또 그 위에 임원이 있는 겹겹의 계층 구조 속에서 임원과 간부는 물론이고 피라미드의 최하단에 위치한 일반 직원들도 온당한 이유조차 모른 채 이리저리 휘둘리며 일의 의미와 가치를 잃어가고 있다.

조직의 코어에게 잘 보이지 못했다는 이유로 하는 일마다 사사건건 문초를 당하는 머글들은 점차 주도적으로 업무를 이끌겠다는 의지를 접고 시키는 일에만 순응하는 수동형 인간으로 변모해간다. 몇 번 새로운 시도를 했다가도 납득하기 어려운 수준의 질책을 받으면 '가만히 있으면 중간은 가겠다'라거나 '해봤자 안 된다'라는 생각을 할 수밖에 없다.

코어 조직은 회사 내에 견제 세력이 없으니 시장 질서를 무시하는 행위를 조직에 강요하거나 자신이 어떤 말을 하든 절대 복종할 것을 당연하다는 듯 기대하기도 한다.

힘없는 부서는 예산과 인력을 지원받으려고 코어부서의 눈치를 본다. 그들의 비위를 맞춰주며 술과 골프 접대도 한다. 한편 코어부서에서 전화가 오면 남들 보란 듯이 스피커폰으로 통화하며 권력자와의 친분을 과시하고 거들먹거리는 이들도 있다. 코어부서 사람과

형, 동생 할 정도로 친하다고 과시하는 것이다. 일은 뒷전인 채 술만 퍼마시며 "우리가 남이가"를 외치는 줄서기 문화가 사라지지 않는 이유가 여기에 있다.

뱀의 머리보다 용의 꼬리가 나은 이유

힘 있는 부서와 힘없는 부서 출신은 동일한 경쟁선상에 서 있지 않다. 힘없는 부서 출신은 마이너스 50미터, 마이너스 100미터에서 출발하는 것과 같다. 아예 승진 심사 대상에 오르지 못하는 경우도 많다. 그러다 보니 무조건 힘 있는 부서에 들어가는 게 유리하다. 뱀의 머리보다 용의 꼬리가 나은 것이다. 아무도 주목하지 않는 부서에 처박혀 우수한 부품으로 열심히 노력해봤자 알아주는 사람이 없다.

몇 년 전 한 기업의 임원 인사에서 코어 조직 출신의 W가 사장으로 발탁되자 주변에선 "그럴 줄 알았다"라는 반응이 쏟아져 나왔다. W는 실력과 전문성은 둘째 치고 리더십 면에서 직원들을 과도하게 윽박질러 여러 번 구설에 오른 인물이었다. 하지만 역시나 코어 조직 출신이다 보니 승진이 됐다는 평가를 받았다. 반면 줄도 끈도 없는 임원은 아무리 실력이 뛰어나도 고지를 넘는 게 쉽지 않다.

2021년 모 그룹 계열사에서 통상의 신임 임원보다 나이가 7세나 어린 임원이 탄생했다. 파격적인 발탁승진이었다. 많은 직원은 왜 그 사람이 파격 발탁의 주인공이 되었는지 의아해했다. 특별히 획기적인 기술을 개발했거나 영업을 잘해서 회사 이익에 크게 기여한 인물이 아니었기 때문이다.

기업에서 발탁승진은 많은 의미를 담고 있다. 이런 사람을 적극적으로 발탁할 테니 도전하라든가, 이와 비슷한 공을 세우거나 기여를 하면 상응하는 보상을 해주겠다는 메시지를 전사에 전달하는 것이다. 그런데 별다른 울림이 없는 발탁인사를 왜 한 걸까. 사연은 이랬다. 계열사들 가운데 미리 인사를 단행한 곳에서 획기적인 쇄신인사가 없다는 지적이 그룹 수뇌부에서 나오자 다급하게 원래 승진시키려던 내정자 대신 각본을 바꿔 최연소 타이틀을 찾아낸 것이다.

나이 어린 신임 임원은 물론 똑똑하고 주어진 일을 잘하는 유능한 인재였지만 그렇다고 여러 계단을 한 번에 뛰어넘을 만한 성과를 냈다는 공감을 얻진 못했다.

직원들을 더 허탈하게 만든 것은 이 신임 임원이 소위 권력부서 출신이라는 점이었다. 안 그래도 모든 승진이나 보직인사에서 혜택을 독차지하는데 이번에도 또 발탁승진의 주인공이 된 것이다.

입사 초년병 시절엔 회사 내에 핵심, 비핵심부서가 있는 줄도 몰랐고 단지 내 일만 열심히 하면 되는 줄 알았다. 그런데 10년 차, 15년 차가 넘어가면 차가운 현실을 마주한다. '너희는 중요 부서가 아니니 조용히 있어라'라는 무언의 메시지, 내가 속한 부서는 늘 뒤치다꺼리만 하는 곳이라는 자괴감을 느낀다.

직원의 능력을 평가할 때도 그가 거쳐온 부서를 보고 판단하는 경우가 많다. 핵심부서를 거쳐온 직원은 일을 시켜보기도 전에 우수할 것이라는 판단을 내리고 '변두리부서'를 돌다 온 직원은 별 볼 일 없을 것이라는 편견을 갖는다. 입사 초기 얼떨결에 배치된 부서가 자신의 커리어 전체에 이토록 중대한 영향을 미칠 수 있다는 사실을 신입 사원들은 알기 힘들다.

커리어가 쌓이면서 부서장이 될 사람, 임원이 될 사람이 보이기 시작한다. 많은 경우 어느 부서에서 일을 해왔는지가 평가의 주요 잣대로 작용한다. 마이너부서에서 정말 일을 잘했어도 그 부서를 탈출해 핵심부서로 갈아타지 못했다면 성장 가능성이 급격히 낮아진다. 다수의 비핵심부서에서 일하는 직원들은 자신의 의지와 무관하게 회사의 마이너리티가 되며 큰 비전 없이 꾸역꾸역 회사 생활을 이어간다.

'용'의 부서에서 일하는 직원은 개인의 역량과 조직의 힘을 혼동하기도 한다. 한마디로 자신이 잘난 줄 아는 것이다. '뱀'의 부서원을 열등하게 여기고 함부로 대하며 자신의 책임을 그들에게 떠넘기기도 한다. 배경을 설명해주지 않은 채 무조건 지시를 따르기만을 강제하고 "왜요?"를 용납하지 않는다. 뱀의 부서를 잘되게 해주진 못해도 못되게 하려면 얼마든지 발목을 잡을 수 있다.

이런 조직에서 일하는 직원들은 과연 회사를 공정하고 합리적인 곳으로 생각할 수 있을까. 그곳에서 개개인이 열정과 의욕을 쏟아낼 수 있을까.

부서에 잘못 들어간 죄

같은 회사에서도 이익이 적게 나는 사업본부는 서자 취급을 받고 돈을 잘 버는 본부에 비해 성과급도 턱없이 적은 경우가 많다. 입사할 때 회사가 사업본부를 정해줘서 죽어라 일만 했는데 몇 년 지나고 보니 동기들에 비해 훨씬 적은 보상을 받고 전사의 경영실적이 저조할 때마다 타깃이 되는 상황에 직면했다. 개인이 아무리 우수한 역량을 지니고 열심히 일해도 소속된 본부 실적에 따라 너무 큰 편차가 발생한다.

이런 직원들은 상대적 박탈감과 함께 회사에 바친 헌신이 의미 없다는 배신감을 느낀다. 회사는 어마어마한 실적을 올리는 데 반해 자신은 루저가 된 것 같다는 생각이 들고 무기력과 우울, 울분과 피해의식에 시달린다.

이들의 분노는 권력자 혹은 권력 시스템을 향하지 못하고 아이러니하게도 자신보다 더 약한 자를 겨냥하곤 한다. 자신을 패자로 만든 시스템을 어쩌지 못하니 함께 경쟁하는 동료들에게 분풀이를 한다. 이런 악순환은 조직에 대한 냉소와 혐오, 차별을 확대재생산하고 회사 내 양극화, 구획화에 따른 불만을 점점 키운다.

입사 5년 차 제조업체 직원은 "성과급이 적은 우리 본부는 모두가 기피하는 조직이 되었고 누적 성과급 차이가 어마어마하게 벌어진 타 본부 동기들과는 만나고 싶지도 않다"라며 "회사에서 하층민이 된 느낌"이라고 말했다. 또 다른 대기업 3년 차 사원은 "사업본부를 잘 만나서 탱자탱자 놀면서 성과급만 챙겨가는 직원도 많은데, 우린 매일 혼나면서 일만 한다"라며 "평사원은 경영진이 시키는 대로 일할 뿐인데 단순히 사업본부를 기준으로 누적 성과급이 천문학적으로 차이가 난다면 쉽게 받아들이기 힘들다"라고도 했다.

직접 돈을 벌어오거나 제품을 만드는 영업부서나 기술·개발·제조부서는 고생고생해서 매출을 달성하니 공은 간접부서(스태프부서)에서 가로챈다는 원성을 쏟아내기도 한다. "재주는 곰이 부리고 돈은 왕서방이 번다"라는 자조 섞인 불만은 블라인드의 단골 레퍼토리이다.

'일을 하는 부서'보다 '일을 시키는 부서'가 더 힘이 있는 것이다. 이를테면 영업부서의 입장에서는 영업이 잘되는 지역이 있고 성과를 내기 어려운 지역도 있다. 이때 어느 지역에 배치하느냐의 칼자루를 쥔 것은 인사팀이기에 그들에게 잘 보이려 애쓸 수밖에 없다.

요즘 기업에선 이과생과 문과생의 갈라치기도 있다. 취업에서는 이공계가 유리하다고 하지만 취업 후 세계는 꼭 그렇지만은 않다. 한 인터넷 커뮤니티에는 "왜 문과생이 이과생보다 힘이 있나"라는 글이 올라왔다. "문과생들은 회사에서 대부분 관리나 지원과 관련된 직무를 담당한다. 직접 돈을 벌어오지는 않는 업무이다. 관리자와 기술자는 영역이 다르므로 발언권을 공평하게 부여받아야 한다. 그런데 관리자는 기술자들을 강압적으로 통제하고 일방적으로 지시한다. 기술자들을 도와주는 게 아니라 손아귀에 쥐려고만 하는 것 같다. 서로 존중해야 하는데 권력의 추가 심하게 기울었다. 기술직은 함부로 부려먹고 주판알만 튕기는 지원부서가 득세하다니."

상황이 이렇다 보니 개발에서 지원부서로 옮기고 싶어 하는 분위기가 당연시되는 곳도 꽤 있다. 이과생 기술자는 "일을 할 때 왜 지원부서에 싹싹 빌면서 일해야 하는지 모르겠다"라며 "공정이 늦어지면 결국 또 엔지니어 탓만 한다"라고 불만을 표시했다. 동료 엔지니어는 "개발부서가 날밤 새우며 일할 때 권력부서는 회식비 걱정 없이 먹고 마신다"라며 "한마디로 개꿀부서는 따로 있다"라고 꼬집었다.

정해진 일정 내에 개발을 끝마쳐야 하는 연구부서 기술자들이 제조부서에 아쉬운 소리를 하며 굽신거려야 하는 때도 있다. 이런 일이 반복되면 제조부서는 본인들이 갑인 양 생색을 내고 당연히 해야 할 일을 마지못해 '해준다'라는 태도를 보이기도 한다. 누군가의 을이 누군가를 또 다른 을로 만들고 화풀이를 하듯 갑질이 대물림되며 조직은 망가져간다.

7장

표준의

탈을 쓴

차별

누가 표준을 결정하는가

미국 방송사 HBO의 인기 코미디 시리즈인 〈열정을 억제하라Curb Your Enthusiasm〉에 이런 에피소드가 있다. 백인 남성인 주인공이 식당 입구에 서 있는 흑인 남성에게 차 키를 맡기려 하자 그는 뜨악한 표정을 짓는다. 그걸 본 흑인 여성인 친구가 주인공에게 핀잔을 준다. "흑인 남자가 정장을 입고 있으니 주차 도우미로 보이지?" 백인이 세상을 어떤 시선으로 바라보는지 드러나는 장면이다.

우리 주변에서도 비슷한 사례를 목격할 수 있다. 건설장비 회사의 한 여성 신입 사원은 '금녀의 벽'을 무너뜨리겠다며 현장 업무에 지원했는데, 협력업체에서 자신을 종종 사무 보조직으로 착각해서 난감했다는 얘기를 전했다.

사람들은 차별에 반대하지만, 자신도 모르게 차별을 행하고 있다. 보고 듣고 자라는 동안 생각과 행동에 문신처럼 새겨진 차별은 인종이나 성별, 지역이나 학력에 대한 그릇된 서열의식을 갖게 한다.

미국에서 백인이 아니면 마이너리티가 되는 것처럼 조직에도 주류들이 만들어놓은 표준이 있다. 조직의 메인스트림에 자리 잡고 있는 행동 양식이나 인물 유형이 그것이다. 강한 어조로 설득하고 저돌적으로 실행하는 남성이 권력 구조 상단에 위치한 회사에서 여성이나 목소리가 작은 남성은 표준 미달이다. 이들은 조직의 표준에 부합하는 사람이 되기 위해 타고난 성향과 다르게 행동해야 할지, 아니면 본래의 자신으로 살아도 될지 고민한다. 어느 쪽을 택하든 한쪽은 접어두어야 한다. 대개는 조직의 표준에 자신을 끼워 맞춘다. 그렇지 않으면 조직에 적응하기 쉽지 않기 때문이다.

대개의 기업은 여전히 엘리트 남성 중심이며, 공격적 업무 스타일이 표준으로 자리 잡고 있다. 최근 소프트 스킬의 중요성이 강조되고 있기는 하지만 아직은 성과를 내기 위해 저돌적으로 몸을 던지는 강한 리더십이 표준으로 간주된다.

그런데 이건 누가 만든 표준인가. 오랫동안 이어져온 리더십의 형태가 고정관념처럼 자리 잡았을 수도 있고, 사회문화적 토양 속에 편견이 뿌리내렸을 수도 있다. 한 가지 확실한 건 누구도 조직의 메인스트림이 '강한 남자'라고 규정할 수는 없다는 사실이다. 조용하면서 부드러운 리더가 더 큰 업적을 낼 수도 있고, 내향적이고 남들 앞에서 말하기를 좋아하지 않는 사람이 더 능력 있을 수 있다. 각자의 성향과 능력이 다른데, 조직의 표준에 들어오려면 특정 방식으로 행동해야 한다고 강요하며 끼워 넣으려 하는 게 정당한가.

하버드대학교 경영대학원의 경제학자 로빈 일리Robin Ely와 미국의 심리학자인 데이비드 토머스David Thomas는《하버드비즈니스리뷰》의 아티클에서 조직 내 다양성을 제대로 다루지 못하는 상사를 꼬집었다. 덩치 큰 흑인 직원에게 동료가 위협을 느끼지 않도록 웃는 표정으로 대하라고 조언해주는 것, 매사에 열정적인 자세로 일하는 라틴계 여성 직원에게 감정을 자제하라고 피드백하는 것, 엄격한 성향의 여성 리더에게 친절한 태도를 보이라고 강요하는 것은 모두 지양해야 한다.[10]

이러한 피드백은 표면적으로는 직장에서 지켜야 할 예의를 알려주고 업무에 도움을 주기 위한 조언처럼 보일 수 있지만, 실제로는 인종적, 성적 편견에 기인한 부당한 요구일 수 있다. 이와 같은 피드백을 받으면 다른 직원이 자신을 어떻게 보고 있는지 늘 신경 쓰고, 자신에 대해 어떤 선입견을 가지고 있는지를 의식할 수밖에 없다. 자연스레 고유의 재능과 개성을 쉽게 발산하지 못한다.

2023년 코레일은 입석 손님이 많다고 전동 휠체어를 탄 장애인의 탑승을 거부했다가 큰 비판에 직면했다. 휠체어 좌석을 발권한 장애인은 표를 환불받으라는 역무원의 말에 결국 14분 뒤의 다른 열차를 타고 이동했다고 한다.

비장애인을 중심으로 설계된 질서 속에 매몰되면 휠체어 좌석을 이용하는 것이 타인을 불편하게 하는 행동이자 민폐로 인식된다. 애초에 비장애인에게 맞춘 환경을 표준으로 삼는 것이 이미 편견이고 차별임을 깨닫지 못하는 것이다.

사람들은 표준이 존재한다는 이유만으로 정상적이고 바람직하다고 믿는 경향이 있다. 대부분이 따른다면 다수의 편에 진실이 있다고 생각하고 맹목적인 믿음을 가진다. 정해진 표준이 못마땅해도 모두가 불문율인 양 토를 달지 않고 순응하고 복종한다. 표준을 좇으면서 개개인의 가치가 침범되도록 내버려둔다.

일상 속에, 또 내가 속한 조직에서 표준은 묵시적, 집단적 합의와 동일시된다. 매일 마시는 공기처럼 너무도 당연하게 깔려 있어서 의문을 갖지도 않는다. 표준이 공정하지 않을 수 있는데도 전혀 의심하지 않고 변화하려는 시도도 하지 않는다. 익숙한 것에 대한 맹목적인 수용은 편견과 차별을 고착화하는 지름길이다.

표준 미달인 사람에게 강요되는 그림자 요구 사항

동명의 영화로도 제작된 마고 리 셰털리Margot Lee Shetterly의 책 《히든 피겨스》는 나사NASA에서 일했던 3명의 흑인 여성 수학자들이 차별과 편견을 극복하고 커다란 성과를 이룬 과정을 담고 있다. 이 책은 불모지와 같은 곳에서 살아남은 '최초의 흑인 여성'이 되기 위해서는 공식적으로 요구되는 기량 외에도 추가적인 자질을 갖취야 한다는 점을 강조한다. 미국 저널리스트인 제시카 노델Jessica Nordell은 이것을 그림자 요구 사항shadow requirements이라고 언급했는데, 조직 내에서 소수자나 비주류 집단이 성공하기 위해 필요한 비공식적이고 숨겨진 요구 사항이자 암묵적 기대치를 설명하는 말이다.11 기존의 질서를 벗어나 새로운 길을 개척하는 사람들이 가외로 짊어져야 할 추가적인 부담이기도 하다.

표준에 들지 못한 사람은 탁월한 기술력 외에도 뛰어난 소통 능력과 친화력뿐 아니라 고독을 감내할 능력을 갖춰야 하고 웬만한 공격에 타격받지 않는 정신력도 함양해야 한다. 환대받지 못하는 환경에서도 한결같은 헌신을 보여줘야 하고 편견적인 시스템을 헤쳐나가는 능력뿐 아니라 지치지 않는 회복력도 지녀야 한다.

승진에서 누락돼도 오뚝이처럼 일어서야 하고 내 밥그릇을 이유 없이 빼앗기지 않으려면 '만만치 않은 인물'이라는 느낌도 주어야 한다. 모든 것을 갖춰야 조직의 표준이라는 문턱에 가까스로 다가설 수 있다.

'표준 미달'인 사람들은 표준에 속하기 위해 종종 가면을 쓰고 출근한다. 가면의 이름은 활달한 척, 자신감 넘치는 척, 용감한 척이다. 일종의 방어기제로 편견이나 배제에서 자신을 보호하고 무리에 끼려는 노력의 일환이다. 겉으로는 평온하거나 행복한 모습을 보이지만, 실제로는 내면에 피로와 불안, 짜증과 같은 부정적인 감정을 감추고 있다. 회사만 가면 과도하게 자신감 넘치는 모습을 보이는 남성 직원도 '가면 출근'의 예외가 아니다. 남성에게는 강인함과 투지,

감정을 통제하는 능력을 기대하고 나약함을 인정하지 않는 분위기 속에서, 기운이 없거나 피로해도 행여 한직으로 밀려날까 봐 아프지 않은 척, 씩씩한 척해야 한다.

여성에게는 이중, 삼중의 가면이 필요하다. 석사를 취득하고 제조업체에 입사해서 20년 차에 접어든 개발직 여성은 "저연차 때는 어린 데다 여자라고 함부로 대하는 사람들 때문에 힘들었다. 그런 취급 안 당하려고 독하게 일했더니 차갑고 사납다는 얘기를 들었다"라며 "그런데 20년 차가 되어 경쟁자라고 여겨지니 같은 연차 남성 동료들은 말 한마디 곱게 안 건네고 업무 협조도 잘 안 해줘서 간, 쓸개 다 빼놓고 일한다"라고 말했다.

자신의 진짜 감정을 숨기고 억누르며 항상 긍정적인 모습을 보여주거나 중립적인 표정을 유지해야 하는 이 시대 직장인들에게는 출근 자체가 자신과의 싸움이다.

직장 내 여성 비율만으로 설명되지 않는 것

직장에서 여성의 비율이 높아졌다고 해서 여성이 조직의 표준이자 메인스트림인 경우는 많지 않다. 여성을 배려한다고 자부하는 기업이 많지만 그런 곳에서도 여전히 고위직에는 남성이 압도적으로 많다. 남녀 직원을 대우할 때 보이는 미묘한 차이는 수많은 상호작용을 거쳐 겹겹이 쌓이며 끝내 거대한 불균형으로 확대된다. 꼭 짓점으로 갈수록 여성들이 사라지는 것은 미세한 차별이 가장 오래 누적된 지점이기 때문이다. 전 세계 모든 기업이 여성 인력을 리더로 키우기 위해 애쓰고 있다고 하지만 실제로는 많은 경우 진심을 다하지 않는다.

여성들은 직장에서 그저 능력과 성과를 보여주기만 하면 된다고 생각한다. 그러나 그들 중 상당수는 서서히, 꾸준하게 중심부에서 밀려나고 있다. 이는 회사 방침이나 지시에 의한 것이라기보다 조직에 스며든 은밀한 배제 때문이며, 공개적으로 드러나는 것이 아니라 수면 밑에서 이루어진다.

성과 평가에는 정해진 기준과 절차가 있지만 이를 실제로 적용하는 데는 언제나 관리자의 주관적인 판단이 크게 작용한다. 상사나 동료의 인식이 여성의 커리어를 들었다 놨다 할 수 있다. 중견기업의 한 여성 간부는 "지극히 주관적인 친분이나 호감이 커리어를 좌우하는 게 조직의 현실"이라며 "그런 면에서 여성에게 갖는 이질감은 치명적인 페널티"라고 말했다.

여성이 능력이 충분해도 모른 체하다가 지주사나 사회에 보여줄 필요가 있을 때 뒤늦게, 마지못해 리더로 발탁하는 경우도 있다. 모그룹의 회장이 특정 계열사 임원들과 저녁 식사를 하던 중 "왜 이 회사에는 여성 임원이 한 명도 없나?"라고 질문을 던졌더니, 그 이듬해 바로 여성 임원을 발탁했다고 한다. 수십 년 동안 없었던 여성 임원이 회장의 한마디에 부랴부랴 만들어진 것이다.

대기업은 해마다 임원과 간부 인사를 발표할 때 여성 비율에 신경을 쓴다. 적어도 다른 기업보다는 많아야 한다는 경쟁심도 갖는다. 그런데 딱 거기까지이다. 어느 정도 할당량을 채우면 자격을 갖춘 여성이 더 있어도 별로 고려하지 않는다. 한 부서에 이미 여성 임원이 있으면 후배 여성은 임원 후보에서 배제하기도 한다. 같은 부서에서 여성이 두 명이나 임원이 되기는 어렵다는 식이다. 왜 남성은 한 부서에서 여러 명이 임원을 하는데, 여성은 딱 한 명, 인심 쓰면 두어 명만 해야 하나. 줄곧 우수한 영업실적을 기록한 여성도 딱 어느 선까지만 키워준다. 영업은 잘하는데 전략 면에선 부족하다는 등의 이유를 찾아내 더 이상 높은 자리로 올라갈 기회를 주지 않는다.

여성가족부가 발표한 〈2023년 국가성평등보고서〉에 따르면 국가 성평등지수 값에서 고용 영역은 2021년 73점에서 2022년 74점으로 1점 증가했지만, 공직이나 기업체에서 고위직의 여성 비율을 보여주는 의사결정 영역은 2021년 34.1점에서 2022년에서 30.7점으로 3.4점이나 하락하며 성평등 수준이 가장 낮은 분야로 꼽혔다. 실제로 관리자 직급 중 여성 비율은 2021년 16.3퍼센트에서 2022년 14.7퍼센트로 더 떨어졌다.[12]

조직의 표준을 '강한 남성'으로 설정해놓고 여성에겐 흔히 '약하다' '카리스마가 부족하다'라는 식의 편견을 드러낸다. 따뜻한 심성과 화합의 성향을 보여주면 추진력이 부족한 것으로 평가받기도 한다. 거대한 조직을 이끌기엔 뚝심이 부족하고 직원들을 휘어잡는 장악력도 부족할 거라는 레퍼토리를 반복 재생하면서 여성을 고위직으로 승진시킬 수 없는 이유를 열거한다. 여성이 권위와 확신의 화법 대신 부드러운 말투로 말하면 리더십이 부족하고 전문성이 떨어진다는 지적을 받는다.

그래서 여성 리더 가운데 일부는 여성성을 감추고 남성처럼 행동하기도 한다. 일부러 거칠게 행동하고 센 척하기도 한다. 성격도 털털함을 넘어서 '나는 그까짓 어려움쯤은 신경도 안 쓴다'라는 '과도한 쿨함'을 장착하고 다닌다. 실제로 자기 자신조차 본인이 원래 그런 사람인 걸로 착각할 정도이다. 주류의 표준에 들기 위해 나 자신을 변장시키고 남성 동조 성향으로 무장하고 다니는 것이다.

그런데 막상 여성이 상냥하고 공손해야 한다는 사회적 기대에 부응하지 않고 남성성으로 분류되는 저돌성, 단호함, 권위 등을 드러내면 불편해하고 '같이 일하기 힘들다'라거나 '성질이 더럽다'라는 식으로 비난하는 경우가 많다. 실리콘밸리에서 10년 이상 일한 여성 200여 명을 대상으로 한 설문조사에서 84퍼센트가 자신이 너무 공격적이라는 말을 들었다고 응답했다.[13] 이러한 양면의 잣대는 여성에게 너무 얌전해도 안 되고 너무 경쟁적이거나 공격적이어도 미움을 받는다는 겹겹의 굴레를 의미하며 이 사이에서 균형을 지키기 어렵게 만든다.

특히 잘나가는 여성에게 유독 야박한 고정관념이 따라다니는 경우가 많다. 야망이 크고 독하며 여자답지 못하다고 비판한다. 성공을 향해 질주하는 여성에 대해 '가족을 버리고 일에 매달리는 이기적인 인간' '욕망덩어리'라고 곱지 않게 바라보는 시선도 많다. 미국으로 발령 난 남편을 따라가지 않은 여성 직장인에겐 "무슨 부귀영화를 누리겠다고"라며 따가운 눈총을 보내기도 한다. 대인관계가 좋고 상사에게 잘하는 여성에겐 '정치적'이라거나 '입 안의 혀처럼 군다'라며 고개를 내젓는다.

어느 날 한 금융회사 최고경영자가 여성 임원들을 격려하기 위해 만든 식사 자리에서 해준 말이 있다. "미국에 거주하는 사람이 급히 수술을 받게 되었는데, 선택지가 두 개 있었다. 백인 남성 의사와 흑인 여성 의사. 그는 망설이지 않고 흑인 여성 의사를 선택했다. 흑인 여성 의사가 그 자리까지 올라갔을 땐 백인 남성 의사보다 수십 배 이상의 노력과 성과를 보여줬을 것이기 때문이다."

여성은 단 한 번의 실패나 실수에도 부정적인 꼬리표가 붙고 같은 실수를 해도 더 큰 강도로 비난받는다. '저 봐, 여자니까'라는 여성 집단에 대한 모욕도 듣게 된다. 여성과 남성이 프로젝트를 같이 하면 은연중에 여성의 기여도가 더 낮으리라고 생각하는 경우도 많다. 한 여성 부장은 "뭔가 새로운 일을 할 때면 자질과 역량에 대한 물음표가 따라붙는 느낌"이라며 "다른 사람들에게 나의 역량을 끊임없이 입증해야 한다는 사실이 피곤하게 느껴진다"라고 말했다.

여성도 칭찬을 받고 뛰어나다는 평가도 받는다. 그런데 그건 어느 선까지만 그렇다. 정작 승진 심사나 최고위직으로 향할 때는 경쟁자 집단에서 순식간에 평가절하 된다. '당신은 그 정도 레벨에선 최고야. 그런데 다음 단계로는 미안하지만 안 되겠어.' 이런 메시지를 보내는 것이다. 그래서 많은 여성이 성공적인 커리어 패스를 밟다가도 위로 올라가면서 새로운 벽에 부딪힌다. 최고의 자리는 남성

몫이라는 고정관념의 벽이다. 어느 순간 자신의 커리어는 여기서 끝인 것 같다는 생각을 스스로 하게 된다.

도전적인 일로부터 여성을 보호하기

직장인은 새로운 도전을 통해 성장하고 발전할 기회를 얻는다. 늘 같은 일만 하는 사람의 커리어에는 한계가 있다. 핵심적이며 어려운 직무를 두루 경험해본 사람에게 더 큰 기회가 주어진다. 그러나 여성은 다양한 기회를 접할 일이 상대적으로 적다. 남성은 미루어 짐작하는 잠재력을 기준으로 기회를 주는 반면 여성은 과거의 경험과 성과가 판단 기준이 되곤 한다. 핵심 보직이라 여겨지는 자리에 여성은 경험이 부족하다고 배치하지 않는 반면 남성은 전혀 경험이 없어도 그냥 믿고 맡기는 것이다.

여성과 남성 직원의 연령과 연차, 업무에 대한 지식과 경험, 성과와 열의 등이 비슷해도 마찬가지이다. 난이도가 높은 프로젝트는 유독 남성에게 주어지고 리더 역할 역시 남성에게 주로 맡겨진다. 회사의 모든 시스템이 남성 중심으로 설계돼 있어 남성에게 당연히 주어지는 권리가 여성에겐 배려의 결과로 주어지기도 한다. 이런 문화에 젖어 있는 남성은 종종 여성을 진정한 동료라기보다 보살핌의 대상이나 업무 지원자 정도로 여긴다.

여성과 남성 모두에게 성장의 기회가 똑같이 주어지지 않으면 일

자체에도 성별 편향성이 생긴다. 중요도가 낮은 프로젝트와 비중이 적은 역할이 여성 직원의 영역으로 구분 지어지는 것이다. 직무 내에도 업무 분리가 나타나 여성은 보상이 적거나 주목도가 떨어지는 일을 맡으리라는 기대가 형성되기도 한다.[14]

실제로 여성에게 돈이 되지 않는 고객을 몰아주거나 큰 성과가 예상되지 않는 부문을 맡기는 경우도 많다. 반면 알짜배기 프로젝트는 남성에게 주어지는 경우가 많다. 몇 년 전 한 기업에서 임원 보직 인사를 단행하면서 누가 봐도 실적이 폭발적으로 성장할 수밖에 없는 디지털 본부에 남성 임원을 본부장으로 발령했다. 이 임원은 회사의 엘리트부서만을 밟아온 성골 출신인데 그 커리어에 플러스가 될 만한, 실적이 보장된 보직을 준 것이다. 최고경영자로 가는 길을 닦아준 셈이다.

이와 같은 기회가 여성에게 주어지는 경우는 흔치 않다. 누구도 기대하지 않았던 부서에 배정되었다가 기적적으로 성과를 올린 경우는 있어도 발령만으로도 성과가 주어질 '꽃보직'에 여성을 앉히는 경우는 거의 없다. 덜 주목하는 변두리 프로젝트에 주로 배정되다가 승진 시기가 오면 후보군에서 빠지거나 아직 승진할 때가 안 됐다는 통보를 받는다.

여성을 기사도적 보호가 필요한 약한 존재로 규정짓고 겉으로는 호의를 베푸는 척하며 남성 우위를 기정사실화하는 경우도 많다. 예를 들어 여성은 육아도 하고 가사도 돌봐야 하니 너무 힘든 일은 일부러 안 맡긴다면서 도전적인 업무를 주지 않는 것이다. 힘든 업무를 해봐야 승진이나 평가에서 유리하지만, 인사권자는 '여성의 몸으로 해낼 수 있을까' '너무 힘들어하지 않을까' 걱정한다. 이러한 선의를 가장한 소외, 왜곡된 온정주의는 여성 리더의 개인적, 업무적 권위를 떨어뜨리며 영향력을 발휘하기 어렵게 만든다.

어느 날 회식 자리에서 한 남성 동료가 여성 동료에게 "네가 하는 업무 스타일을 보니 충분히 인정할 만하다. 자주 식사도 하고 모임도 갖자"라고 말했다. 이 여성은 하마터면 그때 고맙다고 말할 뻔했다고 한다. 주류가 비주류에게 은근히 '너를 받아주마. 너도 우리에게 충성할 준비가 되어 있지?'라고 묵시적인 압력을 행사하는 경우이다. 이때 안 넘어가고 그들과 동조하지 않을 사람은 거의 없다.

문제는 시혜를 베푸는 듯한 태도이다. 회사의 주류와 표준은 원래 남성들 것인데 여성에게 '너도 한 입 줄게'하는 제스처이다. 남성과 여성에게 동등하게 주어져야 할 몫을 마치 우월한 지위에서 인심 쓴다는 듯한 모양새이다. "음, 그 그룹은 문제가 많지만 당신은 예외입니다"라고 하듯 말이다.

경력의 사다리가 아닌 부러진 사다리

유연근무제와 같이 직장과 가정의 양립을 위한 정책이 확산되고 있지만, 현실에서는 밤낮 없는 희생과 헌신을 치켜세우고 24시간 메신저에 답하며 조직이 요구하는 것 이상의 결과를 내는 사람이

슈퍼스타가 된다. 이런 조직문화에서 퇴근 후 나만의 시간을 추구하거나 가정에서의 역할이 큰 사람은 스타 반열에 오르기 어렵다. 유연근무제를 사용하는 여성은 실제 같은 능력치를 보여주더라도 표준 시간에 출퇴근하는 남성보다 업무 몰입과 헌신도가 약한 것처럼 이미지가 형성된다. 마찬가지로 육아휴직을 쓰면 직장에서 성공이나 승진 욕구가 떨어지는 것으로 인식되곤 한다.

《하버드비즈니스리뷰》의 아티클 "여성의 야망을 재정의하라"는 여성이 관리직으로 승진하는 '경력의 사다리career ladder'를 밟는 과정에서 마주하는 장애물을 '부러진 가로대'에 비유한 맥킨지McKinsey 보고서를 소개했다. 아티클에 따르면, 직장에는 남성 중심의 야망에 대한 청사진이 펼쳐져 있다. 남성 중심의 청사진이 강요하는 경로와 속도는 육아나 노인 돌봄, 가사 노동에 있어 더 많은 책임을 부과받는 여성의 생애 단계와는 상충할 수밖에 없다. 이 청사진을 따르지 못하거나 따를 의사가 없는 사람은 자격을 상실한다. 여성이 일과 삶의 균형을 맞추려고 하면 종종 야망이 부족하다고 인식된다. 그러면 그들의 상사는 여성 직원에 대해 마음속의 '꺼짐 스위치'를 눌러 중요한 프로젝트나 회의에서 여성을 배제하기 시작한다. 반면 청사진을 따르는 여성은 역할 과부하에 시달린다. 그들은 구조적인 불리함 속에서 탈진하고, 직업적이거나 개인적인 책임을 관리하는 데 어려움을 겪는다.[15]

아이의 주 양육자로서 여성이 유연근무제를 선택하고 직장에 더 많은 시간을 투입할 수 없다고 해서 역량이나 로열티가 부족하다는 뜻은 아니다. 일정 기간 가정에 좀 더 많은 신경을 써야 한다고 해서 성장을 포기하겠다는 뜻도 아니다. 그런데도 많은 조직은 지금 당장 사다리를 오르지 않으면 내려가야 한다거나 한 번 놓친 성장의 기회는 다시 주어지지 않는다는 무언의 압박을 가한다. 이렇게 해서 벌어진 격차는 실제로 쉽게 극복하기 어려운 경우가 많다.

중견기업의 여성 부장은 "내가 임신했다고 말한 순간 부서장이 후임자를 물색하고 업무에서 차츰 소외시켜 당황했다"라며 "애를 두 명쯤 낳고 육아휴직을 사용하고 나면 성장 궤도에서 동료들보다 훨씬 뒤처지는 게 현실"이라고 말했다.

여성 선배가 성공을 위해 개인적인 삶을 희생하는 것을 지켜본 여성 후배는 자신도 그 길을 따르겠다고 결심한다. 그렇게 하지 않으면 성장 의지가 없는 사람이라고 생각할까 봐 업무에서 과도할 정도로 에너지를 쓴다.

여성 직장인이 넘어야 할 장벽을 제대로 이해하는 리더는 많지 않다. 많은 여성은 근로자이자 배우자, 어머니이자 자식이라는 다중 역할을 동시에 수행하며 남성보다 집안일을 더 많이 부담해야 한다는 집단적 압박에 억눌려 있다. 회사가 무의식적으로 '부러진 사다리'를 갖다 놓거나 이를 눈감아주고 있는 건 아닌지 돌아봐야 한다.

내향적일 권리

혼자 있을 때 에너지가 채워지는 사람이 있고, 여러 사람과

부대낄 때 힘이 솟는 사람이 있다. 내향적인 사람은 조용하고 소극적이며, 수줍음을 잘 타고, 겁이 많고, 낯을 가리고, 혼자만의 시간을 즐기는 것으로 알려져 있다. 반대로 외향적인 사람은 말하기를 좋아하고 외부 자극을 즐기며 홀로 있기보다는 많은 사람 앞에서 주목받기를 원한다.

대개 직장의 표준은 외향성에 꽂혀 있다. 사람들과 잘 어울리고 매사에 자신감과 적극성이 넘쳐야 한다는 사회생활의 프레임이 정석처럼 정해져 있다. 그렇게 해야만 열정적인 사람으로 보인다.

외향적 기질이 환영받기 시작한 것은 경쟁이 치열해지며 남들보다 더 공격적인 사람이 되어야만 살아남을 수 있게 되면서부터이다. 적극성과 열정은 성공의 열쇠처럼 여겨진다. 회사는 점점 더 모두와 쉽게 어울리고 거침없이 돌진하는 'E'들의 집합소가 되어가고 있다.

외향성을 롤모델로 여기는 조직에서 상대적으로 내향적이고 사회성이 부족한 직원은 '아싸'가 된다. 내향적인 사람들은 혼자만의 시간을 통해 아이디어를 얻고 아이디어를 남들 앞에 꺼내 보이는 데도 시간이 걸린다. 같은 업무 성과를 내고도 눈에 띄지 않아 인색한 평가를 받는 경우도 흔하다. 조용한 성격은 승진이나 중요한 프로젝트의 리더를 선발할 때 결격사유로 여겨지고 팀 내외적으로 협업 능력이 부족하다는 인식으로 이어진다. 사내 인맥이나 네트워킹이 부족하여 중요한 정보나 기회를 놓치는 경우도 많다. 때때로 사회생활 부적응자라는 얘기까지 들으며 성격을 바꾸라든지 '(외향적인) 저 사람처럼 행동하라'라는 압박도 종종 받는다.

반면 외향적인 사람은 덜 숙성된 생각도 불쑥 내놓는 데 거리낌이 없다. 매사에 팔 걷어붙이고 앞장서기 때문에 자신감과 확신에 가득 차 보인다. 외향적인 성격을 결점으로 생각하거나 문제시하는 경우는 거의 없다.

부서에서 인력을 뽑을 때도 내향적인 인물에 대해서는 망설이는 경우가 많다. '보고서는 잘 쓰지만 조용하고 얌전해서 소통은 잘 안되는 편'이라거나 '카리스마와 리더십이 부족하다'라는 식이다. 혼자 있는 성향 탓에 조직 생활에 녹아들지 못하고 개인주의적이라는 선입견에 시달리기도 한다.

이런 분위기 탓에 내향적인 사람들은 애써 활달한 척하며 남들에게 먼저 다가가야 한다는 압박감을 느낀다. 타고난 성격과 다르게 행동하는 것이 얼마나 진 빠지는 일인가. 퇴근길 맥주 한잔, 신년 산행, 단체 회식 등은 누군가에겐 괴로운 일이다. 내향적인 사람들의 특성을 경시하고 그들을 너무 불친절하거나 뚱하다고 공격하는 것은 미세공격이다.

사회학자들은 깊이 있는 사고, 창의성과 혁신성, 섬세함과 집중력이 내향인들에게서 발휘되는 경우가 많다고 지적한다. 《콰이어트》의 저자 수전 케인Susan Cain은 어린 시절 매우 내향적인 아이였지만 끊임없이 외향성을 요구받아 자신의 삶이 상처투성이였다고 고백했다. 변호사가 되면서는 자신의 성격을 걸림돌로 여겼다고 한다. 그는 이 책에서 미국의 사회운동가이자 영부인이었던 엘리너 루스벨트Eleanor Roosevelt, 미국의 45대 부통령이었던 앨 고어Al Gore, 워런 버핏Warren

Buffett, 마하트마 간디Mahatma Gandhi 같은 세계사에 중대한 발자취를 남긴 내향적인 사람들을 소개함으로써 외향적이지 않아도, 나아가 내향적인 덕분에 사회에서 얼마나 큰 성과를 낼 수 있는지 보여주었다.16 실제로 간디는 자서전에서 공개 연설에 대한 두려움을 여러 차례 언급했고, 준비한 연설문을 읽다가 말문이 막혀 다른 사람에게 나머지를 대신 읽어달라고 부탁한 적이 있다고 고백한 바 있다.

직장마다 문화가 다르지만, 점심시간에 약속을 만들어 함께 식사하는 것이 일반적인 기업이 많다. 동료, 선후배, 상사, 업무 관련자 등 대상이 누구든 무조건 약속을 잡는 게 관행처럼 되어 있다. 그래서 2주치 약속을 미리 잡아놓는 사람들도 많다.

그런데 누구나 점심시간을 다른 사람과 수다를 떨며 떠들썩하게 보내고 싶은 것은 아니다. 그 시간에 밖으로 나가지 않고 혼자서 조용히 책이나 유튜브를 보며 휴식의 시간을 갖고 싶기도 하다. 그래서 굳이 약속을 잡지 않고 자리에 앉아서 도시락이나 샌드위치를 먹는 사람들이 있다. 아는 사람이 많지 않으면 더더욱 자주 혼자 먹게 된다. 그럴 때는 아무래도 주변 눈치를 보게 되고 보는 눈이 신경 쓰인다. '아무도 안 불러주나?' '친한 동료가 없나?' '인기가 없나?' 타인의 시선 때문에 혼자 있을 권리가 잘 주어지지 않는다. 오전 9시부터 오후 6시까지 아홉 시간 중 딱 한 시간 있는 휴식 시간을 내 자유의지로 활용하기가 어렵다.

혼자 있기를 좋아하는 직장인들은 팬데믹 기간에 오히려 편했다고 이야기하기도 한다. 모두가 강제 격리돼 칸막이가 쳐진 자리에 앉아서 혼자 밥을 먹어야 했는데 그때가 가장 좋았다는 것이다. 요즘에는 대면 만남이나 통화보다는 문자를, 회식보다는 '혼밥'이나 '혼술'을 선호하는 사람이 많다. 그러면서 스스로 사회성이 부족하다고 생각하는 경향이 있다. 가천대학교 장대익 교수는 《사회성이 고민입니다》에서 현대인이 관계 과잉을 요구받는 사회에 살면서 관계에 지쳐 있다고 지적했다. 그는 '던바의 수'라는 개념을 소개하며 한 사람의 뇌 용량이 허용하는 관계의 최대치는 150명 안팎이지만, 정보의 발달, 이동 수단의 발전, 소셜미디어 같은 사회적 채널의 증가로 서로 엮이는 사람의 숫자가 급증했다고 이야기한다. 한계치를 넘어서는 관계의 확장에 많은 에너지를 써서 지친 사람들이 혼밥과 혼술을 하는 것은 당연한 일이자 살아남는 방법일 수 있다. 자발적 외로움과 고독은 관계에 지친 사람들에게는 회복의 시간이기도 하다.[17]

그런데 조용히 혼자 있기를 좋아하는 사람에게 외톨이, 괴짜, 너드와 같은 별명을 붙여 놀리고, 조용함과 소심함을 활달함과 대범함보다 열등한 성격으로 치부하는 것이 정당한가. 내향적인 걸 비주류로 분류하고, 활발하지 않다고 낙인찍는 게 맞는지도 다시 따져봐야할 일이다. 누구나 타고난 성격대로 살 권리가 있는데 말이다.

더군다나 코로나 19 기간에 사회생활을 갓 시작한 Z세대는 상사, 동료와 온전한 상호작용의 기회를 누리지 못해 사회성 위축 문제가 더 심각하다. 내향인에 대한 편견이 클수록 이들 젊은 세대의 사회적 상호작용에 대한 불안감이 높아져 가뜩이나 힘든 직장 생활이 더 버거워질 것이다.

너무 적어도 많아도 안 되는

회사의 주요 정책을 결정하는 중심 세력이 40, 50대 간부나 임원이기 때문에 이 범위에서 벗어나 나이가 적거나 많은 직원에 대해서는 편견이 작용하는 경우가 많다. 나이를 노련함과 동일시하고 젊거나 재직 기간이 짧으면 미숙하게 생각하며, 동시에 고연령층에 대해서는 나이가 많아 성과와 능력이 떨어진다는 편견을 공공연하게 드러내기도 한다.

젊은 직원들은 우선 경험이 부족하다는 이유로 주요 프로젝트나 책임 있는 업무에 끼지 못하고 충분한 권한도 이양받지 못한다. 나이 탓에 리더십이나 관리 능력을 의심받고 자율적인 의사결정이나 주도적인 업무 추진에 한계가 있다.

더 큰 문제는 젊은 직원의 아이디어나 의견이 충분히 존중받지 못하고 무시되는 경우가 많다는 점이다. 회의 중 발언권에도 연공서열이 있어서 후배들은 눈치를 보다가 할 말을 제대로 하지 못한다. 의사결정권자인 40, 50대의 입맛에 맞지 않아 아이디어가 채택되는 경우도 드물다. 그러니 굳이 입을 뗄 필요가 없다.

글로벌 직장문화를 연구하는 UKG 워크포스 인스티튜트의 조사에 따르면 Z세대 직원의 4분의 3 이상이 관리자에게 무시당하고 있다고 느끼며 16퍼센트만이 조직 내 리더에게 자신의 의견을 표현할 수 있다고 생각한다. 42퍼센트는 의견을 표현할 경우 부정적인 결과가 초래될까 봐 두려워하는 것으로 나타났다.[18] 이런 분위기는 조직 내에서의 참여도와 동기부여에 즉각적으로 좋지 않은 영향을 미친다.

반면 나이 많은 직원은 최신 기술이나 트렌드에 적응하기 어려울 것이라는 편견으로 인해 새로운 업무와 프로젝트에서 제외하거나 소외감을 주고 조직에 짐덩어리라는 느낌을 주기도 한다. 많은 기업이 젊은 직원의 발탁승진이나 세대교체를 혁신의 상징으로 여기면서 일정 연령 이상의 직원은 아예 승진 기회를 제한하기도 한다. 승진 대상자를 ○○년생 이하로 못 박아 능력이 충분해도 나이 커트라인에 걸려 탈락하는 일도 적지 않다.

흔한 일은 아니지만 젊은 직원이 나이 많은 선배를 따돌리고 은근히 무시하는 경우도 있다. 대기업의 한 중간 간부는 새로 옮겨 간 부서에서 자신보다 10년 이상 어린 사번의 직원이 텃세를 부려서 마음이 불편했다고 털어놓았다. 특히 젊은 직원들 중 몇 명이 무리를 지어 몰려다니며 자기네끼리만 대화하고 자신이 다가가면 말을 멈추는 등 일부러 거북하게 만들었다. 이는 부서에 새로 온 나이 많은 선배를 길들이고 군기 잡으려는 의도로, 자신들을 만만하게 보지 말라는 경고의 표시를 한 것이다.

연령 차별은 구성원의 사기를 꺾고 조직 내 사고의 스펙트럼을 줄인다. 앞으로 정년 연장에 따라 연령에 대한 조직의 접근법은 재고되어야 할 것이다. 나이 때문에 기회를 놓치고 공정하게 평가받지 못한다면 조직에서 그만큼 최선을 다하는 인력이 줄어들 것이기 때문이다.

여성에겐 나이의 족쇄가 더 모질게 작용한다. 모 대기업의 여성 임원 M이 부사장 승진 대상자가 되었을 때의 일이다. 당시 후보군에는 M을 포함한 여성 한 명과 남성 두 명이 있었는데 당시 M은 사장의 상당한 신임을 받고 있었다. 사장이 수시로 불러 의견을 묻고 중요한 의사결정에 있어서도 의지하는 임원이었다. 그런데 승진 발표 하루 전 사장은 M을 불러 이렇게 얘기했다. "기대할까 봐 불렀는데 자네는 이번에 승진 안 시킬 거야. 아직 나이가 어리잖아." 한 해 전에는 M보다 불과 한 살 많은 남성 임원을 특진시켰는데, M에게는 나이가 어리니 한 해 꿇으라고 이야기한 것이다.

여성은 나이가 많아도, 나이가 적어도 결격 사유가 된다. 책임자가 되기에는 너무 어리거나 나이가 많다는 연령 편견이 남성에게는 덜 적용된다. 나이가 어린 여성이 일정 직책에 오르면 '소녀' 같은 애칭으로 부르며 동료라기보다는 동생처럼 취급한다. 젊은 여성의 상당수는 자신의 주장에 힘이 실리지 않는다고 느끼고 '경험이 부족하다'라는 얘기를 자주 듣는다.

그러다 나이가 들면 갑자기 새로운 일을 하거나 해보지 않은 영역에 기용하기에는 너무 늙었다고 한다. 반면 남성은 같은 나이대에도 여전히 새로운 일에 쉽게 투입된다. 남성은 나이가 들어도 연륜과 관록의 화수분이라고 여기지만, 여성은 한물갔는데 욕심만 많다고 이야기한다. 여성은 어리거나 늙었거나, 둘 중 하나로 취급받는 것이다. 여성을 고용이나 승진에서 배제하거나 여성의 의견을 무시하는 데는 종종 나이와 관련된 변명이 있다.[19] 그냥 시켜주기 싫으니까 나이 핑계를 대는 것일 수 있다.

어느 정도로 매력적이어야 할까

인터넷 커뮤니티에 올라올 때마다 뜨거운 논란이 되는 종류의 글이 있다. 바로 회사에서 상사들이 부서 내 예쁜 여성 직원들만 편애하며 이들에게만 긍정적인 피드백을 주고 밥을 사준다는 내용이다. 이러한 게시 글이 올라오면 순식간에 수십 개의 댓글이 달리며 '안 예쁜' 본인들이 차별당한 경험과 불만을 쏟아낸다. 남성 직원들도 본인들이 예쁜 여성으로 태어나지 못해서 소외를 당했다는 등 불편한 심정을 드러낸다. 하지만 누군가 특정 직원을 챙겼다면 외모 때문이 아니라 일을 잘해서일 것이라는, 익명의 상사를 옹호하는 반응도 있다. 대부분은 댓글 싸움을 며칠간 지속하다가 제풀에 사그라든다.

간혹 회사에서 관리자들끼리 이러한 주제로 이야기를 나누는 경우도 있다. 이때 그들은 웃으며 "이거 네 얘기 아니야?" "너무 티 나게 챙겨주지는 마라"라는 등 농담을 건네며 특별히 심각하게 받아들이진 않는다. 대부분은 "나는 절대 외모로 차별한 적 없다"라며 당당한 태도를 취한다.

상사들이 실제 외모로 차별을 했는지 진실을 단정하기는 어렵다. 하지만 조직 내 상당수의 구성원이 외모로 인해 핵심 그룹에서 배제되고 챙김을 받지 못한다고 느낀다면 그 자체로 문제가 된다. 직원들이 일을 못해서 차별받은 걸 무작정 외모 차별로 몰아갔으리라고 보긴 힘들다.

많은 사람이 외모 때문에 편향적 호감을 느끼거나 반대로 편견을 가진다. 여성은 못생기면 매력이 떨어져 주류 그룹의 외면을 받을 확률이 높아지지만 반면에 너무 예쁘면 남성 동료들이 동료보다는 이성으로 대하거나 성적 대상화하는 경우가 많다. 이런 여성은 '인싸'인 남성 동료와 친해지려 노력하는 동시에 선을 긋기 위해 끊임없이 신경을 곤두세워야 한다.

잘나가는 여성이 '지나치게 예쁘면' 능력을 깎아내리고 외모 때문에 상사의 눈에 들었다고 폄하하는 경우도 적지 않다. 남성은 "잘생겼는데 일도 잘한다"라고 칭찬받는 반면 여성은 예쁜 외모가 능력을 안 보이게 하는 가림막 역할도 한다.

여성만 외모 차별을 받는 것은 아니다. 성별을 불문하고 못생긴 직원은 업무 협조를 구할 때 잘생긴 직원보다 조금 더 애를 먹는다. 뚱뚱한 직원은 게으르거나 일을 못할 것이라는 편견에 시달리기도 한다. 모 기업의 사장은 살찐 직원들을 엘리베이터에서 마주치면 자기 관리도 못 하면서 무슨 일을 하겠느냐고 타박한 것으로 유명하다.

오래전이지만 텍사스대학교 경제학 교수인 대니얼 해머메시Daniel Hamermesh는 1990년대 다양한 데이터를 사용하여 '뷰티 프리미엄'을 정량화했으며, 매력적인 사람들은 평균적으로 보이는 사

람들보다 최대 10~15퍼센트 더 많은 돈을 벌 수 있다는 사실을 발견했다.[20]

우리나라도 외모로 차별하는 루키즘lookism이 상당히 심각하다. 대학교 학점이 아무리 높아도 외모 때문에 번번이 면접에서 탈락하니 자연스레 성형에 관심을 가지게 되었다는 취준생들도 많다. 취업난을 뚫고 입사한 신입 사원들은 회사 내에서도 은밀한 외모 차별을 겪으며 외모에 의한, 외모를 위한, 외모 중심적 세계관을 갖게 된다.

비명문대 출신, 장애인, 이혼자, 독신자, 외국인

직장에서 이혼 사실을 끝까지 숨기는 사례를 여러 번 목격했다. 이혼이 당연히 흠이나 죄가 아니고, 사회적 인식도 크게 개선되어 자신이 '돌싱'임을 당당히 밝히는 텔레비전 프로그램도 늘어났지만, 직장에서는 아직도 이혼 사실을 밝히지 않는 경우가 많다. 딱히 이혼했다고 얘기할 필요나 기회가 없어서 말을 안 했다는 사람도 있지만, 상당수는 이혼 사실을 밝히면 직장 내에서 불필요한 소문과 가십이 번지고 불편한 시선을 받을까 봐 조용히 숨긴다.

'이혼남'이나 '이혼녀'에 대해서는 감정적으로 불안정해서 업무에 집중하기 어려울 것이라는 편견이 어느 정도 존재한다. 일부 사람들은 이혼을 정상적이지 않은 것 또는 개인적인 실패로 간주하고 뭔가 결함이 있을 것이라고 여긴다. 그냥 딱하게 보거나 불필요한 조언을 해주려는 '오지라퍼'도 있다.

이혼한 한 남성 직장인은 "이혼 사실을 밝히면 '왜 이혼했냐' '아이들은 어쩌냐'라는 등 불필요한 걱정을 들을까 봐 지레 스트레스를 받는다"라면서 "이혼을 숨기기 위해 쓸데없이 신경을 써야 하고 본의 아닌 거짓말도 한다"라고 말했다.

일정 나이가 돼서 결혼을 하지 않으면 뭔가 문제가 있을 것이라는 시선에 부딪히기도 한다. 특히 나이 많은 싱글 남성에 대해서는 하자가 있거나 미성숙한 사람인 양 대하고 주변에서 온갖 잔소리를 해댄다. 외모가 빠지면 빠지는 대로, 수려하면 수려한 대로 입방아에 오르고 회식 자리에서 놀림감이 되기도 한다.

혼전 동거에 대해서도 많은 사람이 필요하다고 인정하지만, 회사 내에서는 입 밖에 내기 어려운 이슈이다. 누군가 동거 중이라고 밝히면 삽시간에 전사로 소문이 퍼지고 동료들에게 개방적이네, 서구적이네 같은 온갖 얘기를 들어야 할 것이다. 겉으로는 쿨하다고 칭찬하면서도 뒤돌아서서는 "얌전한 고양이 부뚜막에 먼저 올라간다"라는 식의 한물간 발언을 쏟아낸다.

장애인도 한국의 직장 생활에서 자주 소외감을 느낀다. 장애인을 존중한다고 하면서도 모든 시스템과 물리적 환경이 비장애인 위주로 설계되어 있어 이에 따른 불편함은 오롯이 장애인이 감당해야 한다. 많은 기업에서 임원들의 단합대회는 골프장 아니면 술자리에서 열리는데, 다리가 불편한 한 임원은 최고경영자 주관의 전 임원 골프 대회에 번번이 참석하지 못해서 소외감을 느꼈다고 했다.

외국인을 영입해놓고 문화적, 언어적으로 그들을 수용할 체계가 전혀 잡혀 있지 않아 물과 기름처럼 겉도는 경우도 많다. 그들이 정착하고 능력을 발휘할 환경은 갖춰놓지 않고 능력 없는 사람을 잘못 영입했다거나 적응을 못 한다고 비난만 쏟아낸다. 또한 다름에 대한 막연한 두려움이나 거리감으로 외국인이나 다문화 자녀를 중요 업무에서 배제하고 그들의 로열티나 헌신에 의심을 품기도 한다. 한국어를 못하면 소통이 안 된다며 업무에 한계를 두거나 기회를 덜 제공한다.

비명문대 출신은 명문대 출신에 비해 중요하고 도전적인 직무 경험을 쌓을 기회를 상대적으로 덜 얻는다. 새로운 업무에 직원을 배치할 때도 비명문대 출신은 어쩐지 일을 잘 못할 것이라는 편견에 부딪히고 명문대 출신은 동등한 성과를 내더라도 후광 효과 덕분에 상대적으로 돋보이는 평가를 받기도 한다. 더욱이 명문대 출신 직원들은 선후배 인맥이 탄탄하게 형성되어 있어 업무 지도, 멘토링, 인맥 확장의 기회를 더 많이 가질 수 있다. 편견과 차별에 반복적으로 노출된 비명문대 출신 직원들은 자존심에 상처를 입고 은밀한 속앓이를 한다.

8장 　　**멀티제너레이션 시대의**

　　　　　　복잡함

전혀 생각하지 못했던 좌절 포인트

선진국 대한민국을 온전히 누리며 가장 윤택하고 여유롭게 성장한 세대, 최고의 학력과 스펙을 지녔지만 치열한 경쟁 속에 자신을 지켜내기도 버거운 세대, 사상 최악의 취업난 등 사회가 주는 박탈감 때문에 자신의 불투명한 미래보다는 현재를 중시하는 세대, 관계나 조직에 대한 소속감보다 개인주의적이고 자기중심적인 세계관을 가진 세대. 모두 20, 30대 젊은 세대를 묘사하는 내용이다.

반면에 기성세대는 가진 것 하나 없는 환경에서 오로지 악으로 깡으로, '하면 된다'라는 정신으로 고군분투하며 자수성가한 세대이다. '우리'라는 이름으로 공동체 정신과 정情 문화 속에서 살아왔고,

서로 끌어주고 따라가며 연대적 역할과 책임을 다했다. 그만큼 권위와 위계가 명확하기도 하다.

언제부터인가 세대는 직장 내 갈등의 중요한 축이 되었다. 젊은 세대는 기성세대를 무례하고 틀에 박혀 있다고 비난하고, 기성세대는 청년 세대가 툴툴대고 포기가 빠르며 자기애만 강하다고 한탄한다.

각각의 세대는 다른 세대를 향해 '꼰대' '개저씨' '젊은 꼰대(나이는 젊지만 구시대적 사고를 지닌 MZ세대)' '피터팬 세대(성인이 되어서도 어른스럽지 못하고 책임감이 부족한 밀레니얼)' '약해 빠진 Z세대'라고 공격한다. 다른 세대를 습관적으로 비난하거나 뒷담화의 단골 소재로 삼기도 한다.

이와 동시에 명백히 존재하는 세대 간 차이를 무시하고 자신의 기준에 맞춰 상대를 평가하며 이에 부합하지 않는 사람은 못마땅해하거나 폄하하는 현상도 도처에서 발견된다. 연령의 다양성이 가진 힘을 잊어버리고 다른 세대를 성가시거나 거슬리는 존재로 깎아내리는 경향이 갈수록 심해지고 있다.

지금은 여러 세대가 함께 일하는 멀티제너레이션multi generation 시대로 각자의 어려움을 이해하고 다른 세대의 마음을 헤아려야 한다. 하지만 서로를 이해하거나 존중하려는 노력은 뒷전에 둔 채 자신의 틀에 상대방을 욱여넣으려는 팽팽한 기싸움이 일터마다 벌어지면서 미세공격의 양상과 방향성도 다양하게 나타나고 있다.

세대의 간극은 서로가 어떤 일에 좌절하고 상처받는지 이해하기 어렵게 한다. 사실 전혀 다른 환경에서 자라온 각각의 세대가 민감하게 여기거나 분노하는 포인트가 같지 않은 것은 오히려 당연한 측면이 있다. 무심코 던진 한마디에 누군가는 큰 상처를 입기도 하고 습관적으로 썼던 언어 표현에 누군가는 모멸감과 좌절을 경험할 수도 있다. X세대가 당연하게 생각했던 초과근무, 동료나 부서를 위한 희생 등을 Z세대에게 강요한다면 그것 역시 시대착오적인 미세공격이 된다. 한편 한껏 다정함을 표현하려는 선배 세대에게 "업무 지시는 메신저로 해달라"라며 대화의 철벽을 치고 부서가 비상근무로 초죽음이 되어가는데 나홀로 '땡퇴(6시 땡하면 퇴근)'하는 후배 세대는 계급이 낮아도 미세공격의 발원지가 된다.

과거 조직 구성원은 대다수가 회사가 시키는 대로 따르는 순응자였다. 연령대가 다양해도 일사불란하게 움직일 수 있었다. 하지만 지금 각 세대는 각자의 방식만 고집하며 서로를 이해하기 힘들다고 느끼고 있다.

상이한 환경과 배경 속에서 자라난 세대는 서로 가치관과 문화가 다를 뿐이다. 누군가가 일방적인 피해자가 되는 것은 아니며, 실상은 세대 간에 얽히고설킨, 가해자도 피해자도 명확히 가를 수 없는 복잡한 양상의 문제가 펼쳐지고 있다. 미세공격을 '꼰대'가 청년 세대에게 가하는 차별이나 편견이라고 단정 지어선 안 되며 종으로, 횡으로 복잡하게 뒤엉켜 나타나는 현상으로 보아야 하는 이유이다. 특정 세대만을 위해 고민하는 게 아니라 모든 세대가 좌절하는 포인트를 들여다볼 필요가 있다.

눈송이 세대, 프로 불편러, 유리 멘털?

아무리 미세공격이 아래로, 위로, 종으로, 횡으로 나타난다고 해도 조직에서 가장 크게 상처와 좌절을 겪는 계층은 사다리의 아래쪽에 위치한 젊은 직원들이다. 상사가 가해자가 될 확률이 상대적으로 높기 때문이다. 미세공격이 요즘 들어 더욱 중요한 이슈가 되는 것은 기성세대는 감내하고 모른 척하며 이겨내는 비율이 높았다면 20, 30대는 훨씬 더 내성이 약하고 쉽게 상처를 받는다는 점 때문이다.

미국에서는 젊은 세대를 금방이라도 녹을 듯 너무 나약하다는 의미에서 '눈송이 세대snowflake generation'라고 부르기도 한다. 콜린스 영어사전은 2016년 '올해의 10대 단어' 중 하나로 '눈송이 세대'를 선정하면서 "이전 세대보다 회복탄력성이 떨어지고 쉽게 화를 내는 경향이 있다고 간주되는 2010년대의 젊은 성인들"이라고 풀이했다. 요즘 청년들을 어려서부터 애지중지 응석받이로 자라 유약하고 예민하다고 폄하하는 멸칭이다.[21]

직장에서는 이미 1990년대 중후반 이후 출생한 Z세대가 주축으로 떠오르고 있다. Z세대는 태어날 때부터 디지털 기기와 인터넷을 자연스럽게 접한, 진정한 첫 번째 디지털 네이티브이다. 소셜미디어나 스마트폰 밖 세상에 익숙하지 않은 이들 세대는 현실 세계의 친구와 보내는 시간이 급감했고 사회적으로 점점 고립되고 있다. 세계적인 사회심리학자인 조너선 하이트Jonathan Haidt는 《불안 세대》에서 한 캐나다 대학생의 경험담을 소개했다.

> (…) 강의실 안에는 30여 명의 학생이 앉아 있지만 누군가에게 말을
> 걸거나 누군가 말을 걸어오는 걸 두려워하면서 모두 자신의 스마트
> 폰에 몰입한 채 완전한 침묵만 흐릅니다.[22]

Z세대 전문가이자 CGK The Center for Generational Kinetics의 설립자인 제이슨 도시Jason Dorsey는 《포춘》과의 인터뷰에서 "다른 세대는 그들의 정체성이 아침 9시에서 시작해 저녁 5시에 끝난다고 생각했다. 하지만 Z세대는 그들의 정체성이 직장 밖에서 시작된다고 생각한다" 라고 했다. 조직에 영혼을 갈아 넣었던 기성세대와 달리 Z세대는 직장을 통해 자신을 정의해야 한다는 압박을 덜 받는다는 것이다.[23]

한국 직장에서도 베이비부머와 X세대는 20, 30대를 고생이라곤 안 해봐서 인내심도, 회복탄력성도 없고 툭하면 투덜대는 프로불편러이자 깨지기 쉬운 유리 멘털이라고 인식하는 경향이 없지 않다. 강인하고 참을성 많은 기성세대의 눈에는 직장에서 마주하는 MZ세대가 뚝심은 없으면서 매사에 구시렁대기만 한다고 비칠 수도 있다.

하지만 이들 젊은 세대가 예민하고 유약해 보이는 데는 다 그럴 만한 이유가 있다. 이들은 태어난 순간부터 비교와 경쟁에 시달리고 학교와 학원을 뺑뺑이 돌며 일찌감치부터 피곤하고 지치는 일상을 겪어왔다. 한 자녀 가정의 비율이 높으며, 부모의 집중 지원과 과잉보호 속에 자라 의존도가 크다. 1등을 위한 경쟁은 더 치열해

졌고, 한 번 1등을 해도 또 다른 경쟁이 꼬리에 꼬리를 물고 기다리고 있다.

김현수 명지병원 정신건강의학과 임상교수는 《괴물 부모의 탄생》에서 이들에 대해 "사회도 역사도 자신을 챙겨주지 않는다는 피해의식을 기본으로 갖고 있다. 여기에 소비자로서의 의식, 끝없는 경쟁에 따른 소진, 위선과 부패에 예민한 공정의식이 이들을 설명하는 주요 키워드이다"라고 했다.[24]

젊은 세대는 자식 앞에 놓인 장애물을 미리 치워주려는 부모 밑에서 자랐다. 이런 모습이 스포츠 컬링에서 돌이 매끄럽게 구르도록 앞에서 열심히 비질하는 것과 닮아 '컬링 부모'라고도 한다. 그만큼 젊은 세대는 장애물을 스스로 넘는 훈련도 잘 받지 못했다. 그래서 작은 걸림돌도 그들에겐 버겁게 느껴지는 것이다.

자라온 환경이 다른 만큼 세대마다 예민하거나 불편해하는 부분이 다를 수 있다. 나만의 잣대로, 내가 예민하지 않은 이슈라고 해서 상대방의 예민한 곳을 찌르는 것은 변명의 여지가 없는 미세공격이다.

입사 2년 차 한 신입 직원은 "회사가 자율출퇴근제를 하고 있는데 언젠가 평소보다 조금 늦게 출근했더니 부서장이 혹시 안 오는 줄 알고 연락해보려고 했다는 말에 화가 치밀었다"라고 했다. 또 다른 입사 8년 차 직원은 "오지랖 넓은 선배 세대의 재테크 훈수가 어이없다"라며 "자신들은 한 푼 두 푼 아끼고 저축해서 집을 샀는데 요즘 세대는 과소비하며 시대 탓만 한다고 말할 땐 한 대 치고 싶었다"

라고 했다. 사소해 보이는 말 한마디, 행동 하나가 젊은 세대에겐 분노의 불쏘시개가 되는 것도 이들이 살아온 맥락을 생각하면 이해 못할 바가 아니다. 곱게 자라서 지나치게 까탈스럽고 툭하면 화내고 불평한다고 마냥 비난할 수만은 없다.

번아웃을 가장 심하게 겪는 세대는

여러 연구와 설문조사에 따르면, 1980~1990년대 중반에 출생한 M세대가 번아웃을 가장 심하게 겪는 세대로 보고되고 있다. 세계적인 번아웃 전략가인 제니퍼 모스Jennifer Moss가 2020년 46개국 1,500여 명의 직장인을 대상으로 실시한 조사에서도 M세대의 번아웃 수준이 가장 높게 나타났는데 조직에서의 자율성 부족, 낮은 직급, 금전적 스트레스, 외로움 등의 요인 때문이었다. 모스는 많은 요인 가운데 외로움이 번아웃의 주범이며, 팬데믹은 번아웃의 촉매 역할을 했을 뿐 그 씨앗은 코로나 19 이전에 뿌려졌음을 지적했다.[25]

M세대는 30대에서 40대 중반의 나이로 Z세대처럼 마냥 젊지도 않고 그렇다고 X세대처럼 자율성이나 권한을 부여받은 것도 아니다. 경쟁과 비교에 대한 강박관념으로 자신을 끊임없이 다그치지만, 이전 세대만큼 버텨낼 맷집은 부족하다.

미국 업무관리 플랫폼 아사나Asana는 2021년 연례 보고서에서 근로자 10명 중 7명이 번아웃을 경험했다고 보고했다. 더 나아가 코로나 19로 원격 근무가 한창이었던 시기 일과 생활의 경계가 없는 상태가 번아웃을 촉진했다고 지적했다. 특히 M세대는 디지털 환경에서 24시간 일과 연결된 느낌을 받아 번아웃이 더 심하게 발생했다는 점을 강조했다.[26] 디지털 원주민인 Z세대에 치이고 과로가 당연한 X세대에 눌린 M세대는 최소한의 자기방어선을 지키기 위해 고단한 일상을 살아내고 있다. 잡코리아가 2024년 남녀 직장인 342명을 대상으로 '번아웃 증후군 경험'에 대해 설문을 실시한 결과 30대 직장인의 75.3퍼센트가 번아웃을 경험했다고 답했다. 20대 61.1퍼센트, 40대 60.5퍼센트보다 훨씬 높았다.[27]

2020년 블라인드와 온라인 취미 클래스 플랫폼 마이비스킷이 한국 직장인 1만여 명을 대상으로 조사한 결과 번아웃이 가장 크게 온 연차는 '1~3년 차'가 32퍼센트로 가장 높았다. '3~5년 차' 25퍼센트, '7년 차 이상'이 20퍼센트, '1년 차 이하'가 12퍼센트 순으로 그 뒤를 이었다. 입사 초반부터 번아웃을 겪는 사람이 많은 것이다.[28]

미국 온라인 미디어 버즈피드의 수석 작가이자 뉴욕타임스 기고가인 앤 헬렌 피터슨Anne Helen Petersen은 《요즘 애들》에서 아무것도 하지 않고 쉬는 것을 죄스럽게 여기는 밀레니얼의 밑바탕은 번아웃이라고 지적했다. 피터슨은 "최고 학력을 쌓고 제일 많이 일하지만 가장 적게 버는 세대"인 청년 세대에 대해, 기성세대가 끈기와 노력이 부족하고 자기밖에 모른다고 무차별적으로 비난하는 것은 정당하지 않다고 지적했다.[29]

이런 세대를 향해 상사가 무작정 더 '강하게' 단련시켜야겠다고 결심한다면 역효과가 날 가능성이 크다. 육체적, 정신적으로 지친 그들에게 누군가 '세대 공격'을 퍼붓는다면 번아웃에 기름을 붓는 격이 될 것이다.

세대 간 공격, 세대 내 공격

"주말에 쉬겠다는 생각을 하지 마라." "24시간 휴대전화를 확인하라." "일을 제대로 못 하면 1초 만에 자른다." 2024년 중국 최대 검색 사이트인 바이두百度의 홍보책임자였던 취징 부사장은 당시 이런 발언을 담은 영상 몇 건을 중국판 틱톡인 더우인抖音의 개인 계정에 올렸다. 그의 발언에 중국 네티즌들은 직원을 소모품 취급하고 초과노동을 당연시하는 '꼰대 관리자'라고 비난하며 용광로처럼 들끓었다.

중국 소셜미디어에서 996근무제(오전 9시에서 오후 9시까지 주 6일간 근무하는 형태)로 상징되는 과거의 고강도 노동 세대와 워라밸을 절대 놓칠 수 없는 링링허우零零後(2000년대생) 직원들 간의 갈등이 거세다. 996세대는 젊은 직원들이 업무를 대충 한다고 비난하고 링링허우 직원들은 관리자들이 '열정 페이'를 강요한다고 항변한다. 링링허우 세대는 꼰대 직장문화에 대한 반감의 표시로 '역겨운 출근룩(잠옷 등 아무렇게나 입고 출근하는 것)'이나 '탕핑躺平(드러눕다)' 문화를 보여주는 것으로도 유명하다. 세대 간에 대차게 맞붙은 케이스이다.

한 기업의 대표이사가 사내 게시판을 통해 경영 계획을 브리핑했다. 내용 중 "예산을 다소 적게 잡았다"라는 부분에 대해 저연차 직원이 댓글을 남겼다. "저희가 궁금한 건 왜 예산을 적게 잡았는가입니다"로 시작하는 장문의 댓글이었다. 대표이사는 "답변을 길게 쓰기가 어렵네요. ㅎㅎ 한번 찾아오면 설명을 해드릴게"라고 대댓글을 남겼다. 이 글이 발단이 됐다. 직원은 여기에 "'설명을 해드릴게'는 마치 영화 〈신세계〉 이중구의 명대사가 떠오른다"라고 불편한 마음을 노골적으로 표현했다. 대표이사는 "〈신세계〉 이중구는 조폭 두목 아닌가요? 친근하게 말하고 싶어 '드릴게'라고 했는데, 조폭 느낌이 났나 보네요. '해드리겠습니다'로 수정하겠습니다"라고 답변했다.

소문이 나자 회사 안팎에서는 대표이사가 안쓰럽다는 반응이 꽤 많았다. 기껏 경영 계획을 공유했고, 조금은 까칠하게 느껴지는 댓글에도 친근감을 담아서 답했는데 돌아오는 건 전혀 예상치 못한 공격이었던 것이다. 예전 같으면 상상도 못 했을 일이다.

그런데 정반대로 뒤집어 볼 수도 있다. "드릴게"라는 반존대의 화법을 전 직원이 보는 게시판에 댓글로 남겼다는 게 질문자에겐 존중받지 못했다는 느낌을 주었을 수 있다. 나이에 대한, 직책에 대한 차별로 느껴질 수 있는 대목이다. 질문자를 하대한다는 느낌을 받았을 수도 있고 질문 자체에 대한 비아냥이나 폄하의 느낌을 받았을지도 모르겠다. 누군가에게는 아무렇지 않은 것이 또 다른 세대에게는 불쾌감을 주기도 한다.

대표이사 역시 질문자의 답변에 마음이 좋지 않았을 것이다. 요즘은 윗사람이 아랫사람 눈치를 보는 게 당연하다지만 만인이 지켜보는 가운데 대표이사의 권위를 흔들고 조롱하는 듯한 직원의 반응에 모욕감을 느꼈을지도 모른다. 이런 면에서 질문자 역시 세대를 무기로 대표이사에게 주먹을 날린 셈이다.

또 다른 기업의 대표이사는 직원들에게 신년사를 통해 "현재 어려운 상황이지만 다 같이 잘 극복해보자"라는 메시지를 전달했는데 수많은 직원이 실명 댓글로 "너나 잘하세요" "님선(당신 먼저)"과 같은 코멘트를 달았다.

한 부서장은 한여름철 더위에 지친 직원들에게 아이스크림을 돌렸는데 직원들이 "이거 개카(개인카드)예요, 법카(법인카드)예요?"라고 물어왔다고 했다. 그래서 법카라고 답했더니 갑자기 직원들이 "우" 하는 야유를 보내 몹시 당황했다. 지극히 개인주의적이고 정해진 일 이외에 개인의 시간과 노력을 전혀 희생하지 않는 세대가 정작 상사에게는 법카 대신 개카를 써야만 멋지다고 압박하는 것이다. 이 부서장은 "왜 업무와 관련된 일에 상사가 개인카드를 써야 쿨한 건가. 더치페이에 익숙하고 공과 사를 칼같이 구분하는 MZ세대가 왜 상사에겐 '개인주의'가 아니라 '희생주의'를 강요하는 이중 잣대를 보이는 건가"라고 한탄했다.

내가 직원들과 코로나 19 기간에 줌으로 소통의 시간을 가졌을 때의 일이다. 대면이 제한되고 상당수가 재택근무를 하면서 소통이 단절됐다고 느껴서 마련한 자리였다. 조직문화와 관련해 의견을 청취할 때 한 직원이 "지금 줌 회의에 부서장들이 들어와 지켜보고 있는 것이 부담된다. 감시받는 느낌이다"라고 했다. 차라리 한 다리 건너 상무급 임원은 참석해도 많이 불편하지는 않지만, 매일 업무로 부딪히는 부서장은 언제라도 본인에게 불이익을 줄 수 있는 제일 가깝고도 껄끄러운 사람인 것이다. 직원의 마음이 이해되지 않는 것은 아니지만, 강제 퇴장당해야 했던 부서장들은 후배 세대의 불신에 어이없음, 씁쓸함, 불편함, 분노를 한꺼번에 느꼈을 것이다.

세대차라고 하면 젊은 세대와 나이 든 세대 간의 차이를 흔히 말하는데 또래 간 차이도 분명히 존재한다. MZ세대 직장인도 같은 세대 동료를 보고 세대차를 느낀다고 한다. 2024년 구직 플랫폼인 사람인이 2,000명 이상의 직장인을 대상으로 '직장 내 세대 차이'에 대해 조사한 결과 76퍼센트가 세대 차이를 느끼고 있다고 답했다. 흥미로운 건 사원급 직원 중 윗세대보다 같은 사원급에게 세대 차이를 느끼는 경우가 26.9퍼센트로 가장 많았다는 것이다.[30] 사고방식, 가치관, 에티켓, 커뮤니케이션 스타일, 목소리 톤, 복장 등 다양한 부분에서 같은 세대이지만 이해 못 할 차이가 존재한다.

어느 날 새로 부임한 '뉴 보스'가 직원들에게 상견례 겸 점심을 함께하자고 제안했고 대다수 직원은 이에 응했다. 그런데 한 20대 후반 직원이 자신은 식단 관리를 하고 있어 샐러드를 먹어야 하니 점심에 불참하겠다고 했다. 이에 대해 또래 직원들 간에 갑론을박이 이어졌다. "저런 식으로 조금도 양보하지 않겠다고 하니 우리 세대가 욕을 먹는 것"이라는 의견이 있는가 하면 "점심시간은 개인 시간이므로 하고 싶은 대로 할 권리가 있다"라는 견해도 있었다. 이와 같이 세대 행동에 대한 세대 내 갈등도 은근히 많다.

몇 년 전 한 구청에서는 8급 공무원이 인사 발령 후 불만을 품고 부모와 함께 구청장실을 찾아가 재발령을 요청한 뒤 민원이 적은 부서로 이동한 적이 있었다. 인사 발령 며칠 만에 또 부서를 이동시킨 것인데 이를 두고 또래 공무원 집단에서 공정과 원칙이 훼손됐다며 구청장에게 해명을 요구했다. 이를 본 공무원들은 "그동안 아무리 힘들어도 참으면서 (힘든 부서에서) 일한 사람만 바보네" "고충을 호소해도 규정 때문에 안 된다고 했는데 누구는 부모 찬스로 특혜를 받으니 서러움에 눈물이 났다"라는 분통을 쏟아냈다. 기업에서도 부모가 직원을 대신해 불만을 전달하거나 부서 재배치를 부탁하는 일이 드물지 않게 발생한다. 이를 바라보는 동료들은 씁쓸한 마음을 감출 길이 없다.

2023년 교사들의 교권 및 인권 침해 사례를 담은 《학부모 교권침해 민원 사례 2077건 모음집》이 발간되었다. 여기에는 미세공격과 거대공격이 모두 담겨 있다. 급식 시간에 귤을 까주지 않았다고 전화를 한 학부모도 있고, 아들이 학교폭력 가해자가 되자 교장실까지 찾아와 교사가 거짓말을 밥 먹듯 한다고 비난한 경우도 있었다. 교사에게 쌍욕을 한 학부모는 교사가 기분 나쁘게 해서 욕한 것뿐이라고 이야기하고, 새벽이든 늦은 밤이든 시도 때도 없이 교사에게 전화를 걸기도 한다.[31] 2024년 EBS 〈다큐멘터리 K—우리는 선생님입니다〉에서 한 초등학교 교사는 평소 이유 없이 친구들을 괴롭히던 학생 한 명이 싸움을 하다가 친구에게 맞았는데, 학부모가 수업

도중 교실 문을 벌컥 열고 나와보라고 소리쳐서 큰 충격을 받았다는 경험담을 고백했다. 이는 같은 세대인 학부모와 교사 사이에도 상처와 모멸감을 주는 행동이 흔하게 오간다는 사실을 보여준다.

선배보다 후배가 어렵다고 말하는 사람들

2024년 축구선수 이강인이 주장인 손흥민의 팀 미팅 소집을 거부하고 두 시간 넘게 탁구를 쳤으며 주장의 말에 대들었다는 사실이 알려졌을 때 민심은 분노로 들끓었다. 이 일이 있기 전만 해도 이강인을 귀엽고 당찬 '슛돌이'이자 한국 축구의 미래라고 봐왔던 팬들은 당시 뉴스 속 이강인의 모습에 최악의 하극상이라며 과격하고 모질게 몰아세웠다.

직장에서 MZ세대에게 맺힐 대로 맺힌 기성세대는 이강인을 당돌하고 버릇없는 후배의 모습에 대입하며 울화통을 터뜨렸다. 공분이 거세진 데는 손흥민에 대한 대중의 높은 호감도도 영향을 주었겠지만, 평소 괘씸하게 생각해온 MZ세대에 대한 분노가 도화선이 되었을 가능성도 있다.

다양성 토크에서 참여자들에게 "선배가 어렵냐, 후배가 어렵냐"라는 공통 질문을 던졌는데, 직급을 막론하고 95퍼센트의 직원들이 "후배가 어렵다"라고 대답했다. 선배에겐 일을 가르쳐달라고 매달릴 수도 있고 실수를 하더라도 이실직고할 때 마음이 크게 불편하지는 않은데, 후배들은 오히려 눈치를 보게 되고 무슨 생각을 하는지 알기 힘들다는 것이다. 예전에는 종종 있었던 퇴근길 밥 한 끼도 후배에겐 말도 못 꺼내고, 오히려 선배나 상사에게 제안하는 게 편하다고 했다.

입사 5~6년 차의 직원들조차 "코로나 19 이전 입사자와 이후 입사자는 확연히 다르다. 이후 입사한 후배들은 더 개인주의적이고, 정해진 업무 영역을 조금이라도 벗어나면 전혀 받아들이지 않는다"라고 말했다.

M세대 중에는 Z세대 후배에 대한 트라우마가 생겼다고 말하는 이들도 있다. Z세대 직원은 사사건건 "이걸요? 제가요? 왜요?"라고 싫은 티를 내고 구미에 맞지 않는 일은 하지 않으려 한다는 것이다. 그들 중 한 명은 어떤 신입 직원이 그만두겠다는 퇴사 통보마저 부서장에게 메신저로 날렸다는 이야기를 전해주었다.

후배에 대한 두려움을 입사 10년, 20년 이상의 직원들도 똑같이 털어놓았다. 5~6년 차 직원들에게 "너희 선배들도 너희에 대해 똑같은 얘기를 한다"라고 전하니 깜짝 놀라며 "자신들은 요즘 갓 입사한 후배들과는 많이 다르다"라고 항변했다. 정도의 차이는 있지만 어떤 연차의 선배도 후배를 대하는 게 수월하지 않다. 선배가 된다는 것, 후배들과 함께 일한다는 것이 점점 더 버거워지는 현실이다.

'직장 내 괴롭힘의 금지'가 신설된 후 아랫사람이 윗사람을 괴롭히는 일명 직장 내 '역갑질'을 인정하는 법원 판결도 여러 차례 등장하고 있다. 근로기준법 제76조의2는 직장 내 괴롭힘의 금지를 이렇게 정의한다.

사용자 또는 근로자는 직장에서의 지위 또는 관계 등의 우위를 이용하여 업무상 적정범위를 넘어 다른 근로자에게 신체적·정신적 고통을 주거나 근무환경을 악화시키는 행위(이하 "직장 내 괴롭힘"이라 한다)를 하여서는 아니 된다.[32]

이때 단순히 직급이 아니라 나이나 연차 등을 기준으로 아랫사람도 직장 내 우위를 가질 수 있다고 인정하는 것이다.

2023년 한국 직업능력연구원이 실시한 설문조사에 따르면 직장 내 괴롭힘의 가해자가 후임이라고 답한 직장인이 11.7퍼센트로, 2016년 2.7퍼센트에 비해 네 배 이상으로 늘었다.[33]

입사 8년 차 과장은 "반나절이면 할 일을 신입 직원이 거의 한 달째 못하고 있는데 선배에게 물어보는 것도 아니고 같은 걸 서너 번씩 가르쳐줘도 못 한다"라며 "그런데도 요즘 신입을 압박했다간 무리하게 야근하게 만들었다고 신고하는 세상"이라고 한탄했다.

부서장과 임원도 겪는다

최근 몇 년 사이 1980년대생을 최고경영자나 고위 임원으로 발탁하는 회사가 늘어나면서 직장 내에선 1970년대생이 제일 불쌍

하다는 말이 돌았다. 선배 세대는 고도 성장기에 빠른 속도로 승진하며 돈도 많이 벌었는데, 이제 자신들 차례가 왔다고 생각하는 순간 10년을 훅 뛰어넘어 1980년대생에게 바통이 넘어가는 경험을 하고 있기 때문이다.

승진하기에는 아직 어리다는 얘기를 듣던 게 엊그제인데 이제는 나이가 너무 많다고 밀어낸다. 선배 세대가 그랬듯 과로를 훈장처럼 달고 열심히 일하느라 워라밸과 담쌓고 지냈다. 그러다 보니 가정에서는 찬밥 신세이고 여가를 즐기는 방법도 모른다. 그런데 휴가를 칼같이 챙기며 양보라곤 모르는 후배가 오히려 잘나가고 있다. 선배에게 치이고 후배에게 추월당하는 상황에 직면한 것이다.

인사권자는 막연한 '감'으로 인사 결정을 내리는 경우가 많은데 여기에는 무의식적인 편견이 작용한다. 예를 들어 신사업이나 디지털 마케팅팀장에는 1970년대생보다 1980년대생을 적임자로 떠올리기 쉽다.

현재 대기업에서 1970년대생은 임원이거나 부서장인 경우가 많다. 이 중에서도 1970년대생 부서장이 가장 힘들다. 조직이 승진도 시켜주지 않으면서 업무 부담만 과중하게 준다. 지금까지 우직하게 일만 해왔는데 동일한 직책을 놓고 1980년대생과 경쟁을 시킨다. 비슷한 능력과 자질을 갖췄다면 한 살이라도 어린 사람을 선호한다.

그뿐 아니라 부서장들은 그 어느 때보다도 직원들의 정서 관리라는 무거운 숙제를 짊어질 것을 요구받고 있다. 자신들도 떡실신 상태인데 부서원들 이야기를 경청, 공감해주고 멘털 건강도 세심히 살펴야 한다. 딱 정해진 만큼만 일하려는 후배들에게 동기를 부여해 더 큰 성과를 내게 하고 그들이 마음 다치지 않게 말 한마디도 조심해야 한다. 회의 시간에 아무 말도 없는 부서원들의 의견을 어떻게 끌어내면 좋을지, 피드백을 줄 때 어떻게 해야 기분 상하지 않을지, 회식을 해야 할 것 같은데 먼저 하자고 해도 될지, 하나부터 열까지가 다 어렵다. 옛날에는 호통치는 상사 밑에서 묵묵히 일했는데 지금은 후배들에게 할 말도 다 못하고 오히려 눈치를 봐야 하는 처지이다. 위에서 끊임없이 내려오는 압박을 감내하고 밑에서 올라오는 일상적인 불만을 뒤치다꺼리하다 보니 에너지가 남아나질 않는다.

일본 소셜미디어에서 '호와하라'라는 단어가 뜨거운 조명을 받은 적이 있다. 호와하라는 'white harassment'의 줄인 말로, 우리말로는 '착한 갑질' '선의의 괴롭힘'으로 풀이할 수 있다. 후배에게 "쉬엄쉬엄 일해라" "퇴근하면 내가 처리하겠다"라고 하는 행위로, 배려 차원에서 또는 눈치가 보여서 선배가 후배의 일을 대신 해주는 것이 여기에 해당한다.

후배를 생각하는 듯한 상사의 행동이 왜 문제가 되느냐고 물을 수도 있지만, 이것은 갓 입사한 사람이 업무를 배우고 경험할 기회를 빼앗는 일일 수 있다. 관리자 입장에서는 '예민덩어리' 후배들이 무서워 지적도, 지시도 잘 못 하는데 대신 해주는 것까지 비난을 받는다니 어이가 없다.

부서장이 힘든 이유 중 핵심은 위도 아래도 모두 상대해야 하는 '깍두기 세대'라는 데 있다. 윗사람은 꼰대 스타일로 업무 지시를 하는데, 정작 부서장은 난해하고도 유별난 후배 세대를 한없이 조심스럽게 대해야 한다. 한 부서장은 "오후 6시에 임원이 일을 던져주며 내일 아침에 보자고 했는데, 주위를 둘러보니 직원들은 모두 퇴근한 후였다"라며 "결국 나 혼자 남아서 이 일을 다 처리하고 가야 했다"라고 하소연했다.

지금은 다양한 세대가 함께 일하는 멀티제너레이션 시대에, 유연근무제를 도입하는 곳이 많아 출퇴근 시간도 제각기 다르다. 위와 아래를 잇고 조직의 빈틈을 메우며 모래알 같은 서로를 묶어주는 중간관리자의 역할이 중요해진 이유이다. 하지만 그들이 가진 연결의 힘은 자꾸 방전되고 있다.

경쟁은 올라갈수록 심해진다. "네가 살면 내가 죽는다"라는 식의 경쟁 시장이 사원, 대리 때부터 형성된 것은 아니다. 위로 올라갈수록 후보자는 많은데 자리는 한정돼 있으니 정글 같은 경쟁, 너와 나 둘 중에 한 명만 살아남는 세계가 펼쳐진다. 그러다 보니 남을 은근히 깎아내리는 미세공격이 더 노골적으로 판을 치기도 한다.

게다가 임원은 일반 직원들과 다르게 언제든 해임이 가능한 '쉬운 존재'이다. 그래서 살아남기 위해 더 끈끈한 사조직을 형성하기도 하고 그 속에 들어오지 못한 '아싸' 동료를 향해 사사건건 총질을 해대기도 한다. 임원 간에도 경력이나 스펙이 비슷해 한 자리를 두고 2~3명이 다툴 수밖에 없는 상황이 벌어지면 견제가 더욱 노골화된다. 대놓고 공격하기보다는 뒤에서 "그 사람은 (기가) 약해" "그 사람은 이래서 안 돼" 하는 식으로 편견을 퍼뜨린다. 이런 논리를 확대재생산하며 사조직 내 구성원들을 세뇌하기도 한다. 때론 자신의 후계자를 키우지 않기 위해 자리를 대체할 만한 후배들에게 비슷한 방법으로 견제구를 날린다.

특정 조직이 권력을 쥐고 모든 인사와 정책을 좌지우지하면 거기에 속하지 않은 임원들은 마음에 돌덩이를 안고 있는 것 같다. 뭘 해도 안 되고, 도전해보려 하면 여기저기서 뒷다리를 잡는다. "해봤어? 할 수 있겠어?" 조직까지는 아니어도 ○○ 라인, △△ 출신, □□ 인맥 등이 존재해서 자기네 편이 아닌 임원의 회의석상 발언에 사사건건 시비를 걸거나 예산을 지원해주지 않는 식으로 은근한 방해 공작을 하기도 한다. 특히 전통적인 인재상이나 조직의 표준에서 벗어난 유형의 리더는 종종 권위를 도전받는다. 누군가 이들의 리더십 역량, 전문성, 추진력에 줄기차게 딴죽을 건다.

미세공격은 지위 고하를 막론하고 발생하는 일이다. 임원까지 오른 사람 중에는 수많은 미세공격에도 굴하지 않고 오기로, 깡으로, 실력으로 극복해내 한 걸음 한 걸음 올라온 사람들도 많다. 한 걸음 올라섰다 싶었을 때 보이지 않는 어퍼컷을 맞고 간신히 이겨낸 뒤 또 한 걸음 올라섰다 싶을 때 다시 명치를 한 방 맞고 그러다 다시 올라왔다. 과거에는 참고 이겨내는 것 외에 달리 대안도 없었고 묵묵히 버티는 게 당연한 것이자 잘하는 것으로 여겨졌다. 그런 선배를 보며 일한 후배들은 자신들도 그렇게 이겨내야 하는 것으로 생각한다. 그러나 미세공격을 모두에게 스스로 이겨내라고 할 수는 없다. 안 그래도 태생적으로 번아웃에 쉽게 노출되는 젊은 세대는 미세공격 한 방에 치명상을 입게 될 공산이 크다. 게다가 요즘은 경쟁이 너무 심해서 소위 '바늘구멍' 통과하는 것도 예전보다 훨씬 힘든데, '요즘 애들'에게 다 감내하고 다시 힘내서 오르고 또다시 견뎌서 정진하기를 기대하는 건 무리이다.

3부

Microaggression
Watch

미세공격
후유증

조용한 마음 상함이 천 번 쌓이면
일어나는 일

깨알 같은 좌절과 상처가 쌓이면 지워지지 않는 흉터가 된다.

피로감과 우울감이라는 딱지, 모멸감과 자존감 하락이라는 멍울로 말이다.

회사 입장에선 조용하고 은밀하게 구성원의 로열티와 열정이 증발하고

조직의 경쟁력은 빠르게 부식될 것이다.

9장   미세공격이

지나간 자리에

미세공격에 대한 분노 폭발

2023년 국내 최대 K팝 기획사 하이브와 갈등을 빚은 자회사 어도어 전 대표 민희진의 기자회견은 직장인들 사이에서 의외의 반향을 일으켰다. 민 전 대표는 하이브 임원진들을 향해 '개저씨'들이 골프 치고 친목질할 때 자신은 개처럼 일했다고 울분을 토했다. 차분하게 입장을 밝히기보다는 비속어를 섞기도 하고, 감정이 격해져 눈물을 흘리기도 했지만 일부 사람들은 크게 호응했다.

'개저씨'는 비하의 뜻을 담은 접두어 '개'에 '아저씨'를 합성한 비속어이다. 남성이고 나이가 많다는 점을 벼슬처럼 여겨 여성과 젊은 세대에게 함부로 대하는 중장년 남성을 비하하는 표현이다. 민

전 대표의 발언은 많은 논란을 일으켰지만, 20, 30대 사회 초년생들 사이에 '개저씨 목격담'이 배틀처럼 공유되며 뜻밖의 공감을 모으기도 했다. 특히 직장에서 뼈 빠지게 일하면서도 '오피스 빌런'에 치여 번번이 밀려나는 여성 직장인들은 속이 시원하다며 환호했다. 당시 30대 초반의 건설사 여성 직원은 "민 전 대표가 말한 열불 나는 일들이 직장에서는 흔하게 일어난다"라며 "여성이라는 이유로 '엘보잉(팔꿈치로 상대방을 가격하는 행위)'을 당한다고 느꼈는데 개저씨 저격에 쾌감을 느꼈다"라고 했다.

민 전 대표가 쏘아 올린 기자회견이 누군가의 응어리를 터뜨려 비현실적인 신드롬으로 이어질 줄을 누가 예상이나 했을까. 조용하고 원만한 성격인 줄 알았던 동료가 갑자기 폭발해 주변을 놀라게 하는 경우가 있다. 팀 내 잡무를 군소리 없이 처리해주던 직원이 별안간 "내가 '기타 등등(중요하지 않은 일)' 담당이냐"라며 폭발해 팀원들을 모두 놀라게 했다는 얘기를 들은 적이 있다. 힘 있는 권력부서의 부당한 간섭에 간이고 쓸개고 빼서 다 맞춰주던 직원이 어느 날 갑자기 책상의 집기를 쿵쾅거리며 들었다 놓았다 하면서 큰소리로 혼잣말을 하는 경우도 있었다.

한두 번까지는 넘어가지만, 그 이상 반복되면 속에서 천불이 난다. 남들에겐 갑작스러운 폭발로 여겨지지만, 자신은 내적으로 오랜 기간 들끓었던 것이다. 구경꾼들에게는 작고 별일 아닌 것 같은 일들도 당사자에겐 인생의 중대사이다. 처음에는 그냥 무시하지만, 몸이 그 트라우마를 기억한다. 그래서 다음에 같은 일이 또 일어나면

격한 반응이 나오는 것이다.

조용한 퇴사는 리젠티즘resenteeism에 비하면 양반이다. 《포춘》이 2023년 새로운 직장 트렌드로 소개한 리젠티즘은 회사에 대한 불만과 분노를 적극적으로 표현하면서도 생계를 해결하기 위해 직장에서 버티는 것을 말한다.[1] 우리말로 하면 분개주의 정도로 표현할 수 있는데, 비교적 소극적인 태도인 조용한 퇴사와 달리 불만을 의도적으로 시끌벅적하게 표출한다는 점에서 전염 효과가 크다.

몇 년 전 미국인 여성이 자신의 이야기를 틱톡에 남기면서 회자된 분노 구직rage applying은 '나, 조직에 화났어'라는 걸 드러내기 위해 근무 시간 중에 적극적으로 이직 자리를 알아보는 것을 말한다. 이 영상에는 "미칠 것 같으면 계속 분노 구직을 하라. 분노의 에너지가 당신을 더 넓은 세계로 나아가게 할 것"이라는 메시지가 담겨 있다. 사무실에서 대놓고 증시 사이트만 쳐다보며 '나는 회사에 기대하는 게 없어. 주식투자만 대박 나면 다 끝이야'라는 메시지를 공공연히 보내는 직장인도 있다.

이런 분노가 만연한 직장이 의외로 적지 않다. 묵묵히 일해온 자신의 노고를 인정해주기는커녕 조직이 자신을 홀대하고 불공정하게 대우한다는 느낌이 들면 별안간 폭발하게 된다. 임원이든 최고경영자든 회사가 누군가의 얼굴로 형상화될 때도 있다. 이렇게 되면 분노의 화살은 특정 상사를 향하고 그들에게 역으로 미세공격을 가하기도 한다.

분노한 구성원들이 매일 만났다 하면 불평불만을 공유하고 확대재생산하며 흡연장과 구내식당은 회사에 대한 성토장으로 바뀐다. 심할 경우 조직은 걷잡을 수 없는 분노의 불길에 휩싸여 분위기를 반전시키기 어려운 최악의 상황으로 치달을 수 있다.

내가 하는 일이 무의미하다는 느낌

직장인들은 마치 커다란 기계의 부품이 된 것 같은 기분을 느낄 때가 있다. 자신이 하는 일이 가치 없게 느껴진다. 매일 반복되는 일상에 지치고 회사에서 영혼까지 탈탈 털리는데 누구 한 명 알아주지 않는다. 큰 조직일수록 일이 잘게 분업화되어 있어 내가 하는 일이 조직의 발전에 티끌이라도 기여하고 있는지 피부로 느끼기 어렵다.

한 대기업 블라인드에는 "회사에서 매일 주 40시간만 때우고 칼퇴한다. 아이들을 키워야 해서 당장 그만둘 수도 없고 여기 아니면 어디서 일할 수 있을지도 모르겠다. 올해 목표는커녕 이달 목표가 뭔지도 모르겠고 부서가 돌아가는 전체적인 그림을 알지 못하니 내가 여기서 뭐 하고 있는 건지도 모르겠다. 특히 메인 업무는 잘 맡겨주지도 않아 아는 게 2~3년 차 신입보다 없는 것 같다"라는 자조 섞인 글이 올라왔다. 그 글에는 많은 공감의 댓글이 달렸다.

입사 10년 차 직원은 직속 상사 입맛에 맞게 보고서를 썼더니 그 바로 위 상사가 퇴짜를 놓았고, 다시 고쳐 썼더니 또 그 위의 상사가 맘에 안 들어 해서 매일 같은 보고서를 쓰고 다시 수정하는 게 일상이라며 자신이 회사에 어떤 기여를 하는지 도저히 알 수 없는 구조라고 답답함을 토로했다.

또 다른 10년 차 직원은 "상사가 상반기 목표 매출을 50억 원으로 잡아서 보고서를 쓰라고 해서 온갖 아이디어를 쥐어짜내 썼더니 상부 보고 후 돌아와서는 70억 원으로 맞춰 다시 쓰라고 했다"라며 상층부에서 던져주는 숫자에 맞춰 보고서 쓰는 게 주요 업무라는 사실이 한심하게 느껴진다고 털어놓았다. 경영진이 회사가 추구하는 비전과 목표, 구체적인 로드맵은 알려주지 않은 채 테마만 던져주고 무작정 아이디어나 보고서를 제출하라고 지시하면 직원들은 자신이 어디로 가는지, 올바른 길로 가고 있는지, 회사의 큰 그림에 부합하는 일을 하고 있는지 알 길이 없다. 몸이 힘든 것보다 정신적으로 진이 빠지는 일이다.

몇 년 전 굴지의 대기업에 새로 부임한 최고경영자가 인사말을 통해 몇 가지 문제점을 지적했는데 그중 하나가 '비현실적인 목표치 보고 문화'였다. 그만큼 기업에서는 자부문의 실적을 돋보이게 하기 위해 숫자를 마사지하고 가능하지도 않은 목표치를 보고하느라 시간을 낭비하는 일이 비일비재하다.

요즘 직장인 중에 스스로 영혼 없이 일한다고 한탄하는 경우가 많다. 일말의 존중도 없이 '너희들은 (큰 그림을) 알 거 없고 조각조각 떨어지는 퍼즐 업무만 수행하라'라는 곳에서 긍정과 열정의 에너지가 솟을 리 없다.

우수한 부품으로 계속 활약한다 해도 회사가 출세를 보장해주지는 않는다. 실무진에게는 부품처럼 일할 것을 강요하다가 정작 부서장이나 임원을 발탁할 때는 전체를 보는 시야가 부족하다거나 큰일을 안 해봤다는 식으로 평가하며 후보군에서 제외하는 일이 다반사이다.

입사 7년 차 한 직원은 "무한 반복되는 회의와 보고, 변덕스러운 경영진의 요구 등이 조직 내에서 나의 역할이 무엇인지를 돌아보게 한다"라며 "시키는 일만 하다 보니 내 판단, 내 결정이라는 게 거의 없다"라고 했다.

일의 의미는 자신이 가치 있고 영향력을 미친다고 생각할 때 강하게 느낄 수 있다. 이렇게 하나 마나 한 일을 하려고 기껏 회사에 들어왔나? 이 일은 도대체 무슨 의미가 있지? 보고서를 백날 쓰면 뭐 해, 바뀌는 게 없는데. 이와 같이 무의미의 굴레에 빠진 직장인들이 갈수록 많아지는 안타까운 현실이 매일 관찰되고 있다.

선의가 차별이 될 때

내가 임원 시절 직원들과 소통의 자리를 가졌을 때의 일이다. 코로나 19로 지친 직원들을 격려하기 위해 마련한 자리였다. 바쁘고 산적한 과제 속에 시간을 내서 직원들의 생각을 듣고 인정해주는 것은 모든 임원에게 숙제이자 의무에 가까웠다. 당시 분위기는 화기애애했고, 나 또한 직원 누구의 마음도 다치게 할 의도가 없었다.

해당 부서는 회사 내에서 별로 주목받지 못하고 타 부서에 잔소리꾼, 귀찮은 존재로 여겨지기 십상인 곳이었다. 꼭 필요하고 중요한 업무를 담당하지만, 최고경영자가 힘을 실어주지 않으면 파워를 갖기도, 성과를 내기도 힘들었다. 나는 그 부서에 평소에도 "왼손이 하는 일을 오른손이 알게, 나아가 전사가 알게 일하라"라고 강조해오던 터였다. 단순히 관심을 받으라는 말이 아니라, 그 업무의 중요성을 전사가 인지했으면 하는 마음에서였다. 그 부서에서 핵심적인 업무를 담당하고 있던 간부 S는 조용하고 차분한 성격이었다. 나는 S에게 격려랍시고 "요즘 에너지 레벨이 떨어져 보이는데, 이 업무는 세상 요란하게 해도 모자랄 일이니 좀 더 화이팅해보자"라고 말했다. 질타하려는 의도는 한 톨도 없었다.

다음 날 아침 출근해보니 S가 보낸 이메일이 와 있었다. "내가 왜 다른 사람들 있는 앞에서 에너지가 부족하다는 얘기를 들어야 하느냐. 나는 열심히 일하는데 뭐를 근거로 에너지가 있다 없다 판단을 하는 거냐"라는 항의의 내용이었다.

당황했지만 조금의 망설임도 없이 답장을 썼다. "정말 미안하다. 그럴 의도가 전혀 없었는데 마음을 상하게 했다니 내가 생각이 짧았다. 앞으로는 더 사려 깊게 얘기하겠다." 누구보다도 예민하게 직장 내 차별을 캐치해내는 사람이라고 생각해왔는데 나도 가해자였다. 선의라고 착각한 자리에 미세공격이 남은 것이다.

기업에서 부서장이나 임원 등 어느 정도 성공을 이룬 사람 중에는 자신이 꽤 괜찮은 사람이고 배려와 소통의 능력을 가졌다고 믿는 경우가 많다. 누구보다 직원들의 말을 경청하고 예의 바르며 모든 사람과 친화력 있게 잘 지낸다고 생각한다. 어느 정도는 진실이다. 실제로 성공하기 위해 타인과 잘 지내려고 노력하기도 한다. 그런데 그 진실이 무색하게도 본인은 전혀 의도하지 않았지만 남에게 끊임없이 상처를 주는 경우가 많다. 하물며 관찰력이나 감수성이 떨어지는 사람은 자신의 행동이나 발언이 미칠 파장에 무지할 정도로 무심하다.

캐나다에 이민 간 직장인 겸 한 아이의 엄마인 K는 회사에서 미세공격 관련 교육을 받았는데 강사가 구체적으로 언급한 사례 중에 평소 생각지 못했던 것들도 꽤 많아서 놀랐다고 털어놓았다. 그 이후에 딸과 이와 관련한 얘기를 나눴는데 딸은 8학년 때 이미 학교에서 미세공격에 대해 배웠다고 했다. 미국이나 캐나다에서는 미세공격이 이미 학생부터 성인까지 배워야 할 필수 교육으로 자리 잡았지만, 그 과정을 거치지 못한 사람들은 어떤 말이 편견의 산물인지를 짐작도 못하는 경우가 많다.

비주류나 소수 집단에게만 과도한 격식을 차리는 것도 선의일지언정 미세공격의 또 다른 유형이 될 수 있다. 미국에서 인종주의 이슈가 예민하던 시기에 식당이나 상점의 직원이 유색인종 손님만 오면 지나치게 깍듯하게 대하는 경우가 있었다. 백인 고객에게는 친근하게 인사하며 농담도 건네는데 말이다. 다른 고객에게는 친구처럼 편안하게 대하는데 자신에게만 특별히 격식을 차린다면 고객은 찜찜할 수 있다. 직원들은 편견을 보여주려는 의도가 아니라 오히려 예의를 다한다고 그런 건데 말이다.

비주류에 속한 사람에게 낮은 기대를 갖는 것도 미세공격이 될 수 있다. 아무것도 아닌 일에 "기대 이상으로 잘했다"라고 칭찬을 받는다면 '평소에 나를 어떻게 생각했길래'라는 의구심이 들 수 있다.

컬럼비아대학교에서 데럴드 윙 수 교수의 수업을 들은 한 학생이 "교수님 강의가 정말 좋았어요. 그런데 영어를 참 잘하시네요"라고 하자 수 교수는 "고마워요. 저는 이곳에서 태어났습니다"라고 응수했다고 한다. 그는 아시아계 미국인이고 오리건주 포틀랜드에서 태어났다. 그의 강연이 좋았다고 말한 학생은 자신이 그저 칭찬한 것이라 생각했겠지만, 사실은 수 교수가 미국인이어도 아웃사이더라는 의미를 암묵적으로 전해준 것이다.[2]

내가 가해자라고?

한국인이 미국이나 유럽에서 겪는 차별에는 분노하면서도 정작 자신은 길거리에서 마주치는 흑인이나 동남아시아인에 대해 무의식에 가까운 차별적 행동을 하기도 한다. 일부러 거리를 두거나, 머릿속에 은근히 폄하하는 생각이 스친다.

우리는 누구나 피해자가 될 수 있지만 동시에 가해자가 되기도 한다. 편견은 어린 시절부터 생겨나고 고착화되어서 그게 문제라는 사실도 못 느낀 채 여기저기에 달라붙어 있다. 그러니 본인이 가해자라는 사실은 꿈에도 알지 못한다.

요즘 상사들은 가해자이기도 하지만 후배들에게 당하고 또 그들의 상사에게도 수시로 공격당한다. 대개의 경우 상사에게도 상사가 있기 때문이다. 상사에게도 신입 사원 시절이 있었다. 그동안 겪어왔던 수많은 미세공격을 불편하게 여겨놓고도 이젠 가해자 입장이 되어 후배들의 속을 긁는다. 그토록 짜증 났던 행동을 그대로 복사해서 붙이는 것이다.

학연이나 지연, 또는 같은 부서에 근무했던 이력으로 내집단을 이룬 사람들은 그 집단 안에서 세뇌되고 동화되면서 그들만의 시선으로 다른 사람을 재단하고 편향의 함정, 불공정의 논리에 빠져든다. 내집단 안의 교류와 끈끈함이 외집단에 대한 경계를 강화하면서 자신들은 옳고 남들은 틀렸다는 확신에 사로잡힌다. 자신들은 잘하고 있는데 다른 집단이 무능하고 모자라서 스스로 불이익을 자초하고 있다는 오만한 시선을 가지고 그것이 진실이라고 믿는다. 가까운 사람들이 끊임없이 특정 인물이나 그룹을 비판하고 무시한다면 자연스럽게 그 논리에 젖어들 수밖에 없기 때문이다.

학연, 지연, 혈연 등을 바탕으로 한 이너서클inner circle(핵심적인 권력 집단)에 한 번도 속해본 적 없는 한 직장인은 직장 생활 20년 차 가까이 됐을 때야 비로소 나름의 이너서클에 들어가게 됐다고 느꼈다고 한다. 그런데 한 번 이너서클에 들어가니 너무나 달콤해서 그동안 본인이 당해온 경험을 망각하고 서클 바깥의 직원들을 함부로 평가하고 배제하는 데 동참하게 되었다고 털어놓았다.

이것이 미세공격이 꼬리를 잇는 이유이다. 처음엔 주류 그룹을 원망했지만, 막상 우여곡절 끝에 가까이 가면 더욱더 깊숙이 그들의 세계로 진입하고자 극성스럽게 충성하고 과장해서 순응한다. 그럼으로써 주류의 자아도취와 유아독존의 태도는 더욱 공고해진다.

주요부서에 속하지 못해 늘 주변부만 맴돌다 우연한 계기로 핵심부서에 배치되면 그때부터 돌변하는 경우도 종종 있다. 권력에 눌려 억울했던 기억이 있는 사람들이 권력을 쥐면 오히려 더 심하게 텃세와 따돌림에 앞장서기도 한다.

김지혜 작가는《선량한 차별주의자》에서 우리는 상황과 조건에 따라 차별받는 소수자가 될 수도, 특혜를 누리는 다수자가 될 수도 있다고 지적한다. 소수자라고 해서 늘 차별을 받는 것은 아니고, 다수자라고 해서 늘 특혜를 누리는 것은 아니다. 미세공격도 비슷하다. 지금 미세공격의 가해자라고 해서 늘 가해자에 머무르는 것이 아니고, 피해자라고 해서 늘 피해자가 되는 것은 아니다. 차별과 미세공격은 입체적이고 다면적이기에 이에 대한 논의는 늘 복잡할 수밖에 없다.[3]

우리는 모두가 스스로의 편향을 솔직하게 들여다보고 인정하고 또 벗어나기 위해 노력해야 한다. 모두가 미세공격의 희생자인 동시에 매개체이자 잠재적 발원지일 수 있다는 점을 인정한다면 우리는 관행과 문화를 바꾸고 나아가 번아웃, 조용한 퇴사의 팬데믹을 끝낼 수 있을 것이다.

망가지지 않기 위해 순응한다

아프리카계 미국인 가운데 자신의 정체성을 부정하고 백인의 사고방식에 동조하는 흑인을 '엉클 톰Uncle Tom'이라고 부른다. 백인의 비위를 맞추려는 흑인을 비하하는 말이다. 진짜 속마음을 숨기고 대세가 된 집단의 규범에 순응하며 주류 구성원에게 아첨하거나 영합하는 것은 그 사회에서 살아남기 위한 필사적인 노력이자 생물학적인 본능이다. 순응하는 이에게 상을 주고 그렇지 않은 자에게 '미운털'을 박는 시스템이 작동하는 곳이 많기 때문에 주류에 소속되고자 안간힘을 쓴다.

직장 내 많은 마이너리티가 유사한 행동을 한다. 성적인 모욕을 당했지만 대범한 척 웃어넘기기, 내성적인 성격이지만 사무실에만 가면 복식호흡으로 발성하며 최대한 '나 아닌 나'를 끌어내기, 회사가 원하는 소위 '표준'에 맞추기 위해 오버할 정도로 적극적이고 활달하게 행동하기, 주류 집단의 잘못된 판단을 비판하지 않고 소극적이나마 동조하기 등의 사례는 도처에 널려 있다. 소수 집단은 순응의 허울을 써야 한다는 압박을 느끼고 대세를 따르기 위해 각자의 개성을 꾹꾹 눌러둔다.

직장인의 대부분은 회사 내에서 본인이 생각한 바를 이야기하는데 심리적인 안전감을 느끼지 못한다. 남들과 다르거나 상사 의견에 반하는 의견을 갖고 있을 때 이를 표출하는 것이 안전하다고 생각하지 않는 것이다. 꼭 안전까지는 아니더라도 굳이 분위기에 찬물을 끼었고 싶지 않다거나 '좋은 게 좋은 거'라는 식의 마인드로 그냥 입을 꾹 다무는 일이 다반사이다.

힘과 권위를 가진 집단에 잘 보이기 위해 자신을 속이거나 침묵하고 그 집단의 관점을 기꺼이 옹호하며 다른 집단을 향한 공격에 가담하기도 한다. 이는 집단에서 배제되는 것에 대한 공포의 결과이기도 하고 집단 속에서 형성된 환상과 착각의 부산물이기도 하다.

토드 로즈Todd Rose는 《집단 착각》에서 집단 지성이 집단 무지성으로 전락하는 이유에 대해 스스로의 판단을 의심하고 순응을 기본 태도로 장착하면서 다른 사람들의 행동을 모방하는 것이 합리적이라고 여기기 때문이라고 지적했다. 그리고 미국의 소설가이자 수필가인 찰스 더들리 워너Charles Dudley Warner의 말을 소개한다. "우리는 순응으로 인해 반쯤 망가지지만, 순응하지 않는다면 완전히 망가지고 만다."4

모 식품회사 임원은 새로운 아이디어를 내고 뭔가 성과를 내려고 하면 회사 내 갑의 부서에서 번번이 괴롭힘을 당했다고 한다. "새로운 거 할 생각 말고 기존 업무나 잘하세요." 여기에 더해 태도가 불량하다든지 마인드가 비현실적이라는 원색적 비난에도 시달렸다. 그는 이런 일이 여러 차례 반복되자 그 후로는 시키는 일만 하는 순응 인간이 되기로 마음먹었다고 한다. 그는 살기 위해 순응을 택했지만 순응한다고 해서 조직이 그를 '내 사람'으로 인정해주는 것은 아니었다. 끝내 그가 얻은 것은 스트레스성 고혈압뿐이었다.

이처럼 갑의 부서는 '우리 편'이 추진하는 일에는 관대하고, 그들이 인정하지 않는 비주류 그룹이 추진하는 일에는 눈길도 주지 않는다. 사사건건 꼬투리를 잡고 순식간에 문제가 많은 사람으로 만들어버린다. 주류가 뭉치면 멀쩡한 사람 한두 명쯤 보내버리는 것은 식은 죽 먹기이다.

임원이 이 정도이면 직원들은 어떨까. 많은 사람이 회사 문으로 들어올 때 자신들의 진짜 자아는 접어둔다고 한다. 가장 무서운 것은 일상화된 자기검열이다. 비주류일수록 그렇다. 몇 번의 좌절이 타협과 순응을 낳는다. 생각을 말자, 적당한 선까지만 하자, 되도록 "Yes" 하자, 화가 나도 꾹 참자.

때로는 순응이 긍정적으로 보이기도 한다. 그 순간에는 나쁠 것이 없어 보이기도 한다. 동조화가 되며 상사의 의견이 내 의견인 양 착각할 수도 있다. 하지만 순응자들만 남은 조직에서 성장과 발전이 있을 리 없다.

비주류는 자신에게 호의적이지 않은 조직 규범과 문화 안에서 일하게 된다. 누구도 공공연히 차별을 얘기하진 않지만, 조직 내에서 안전함과 편안함을 느끼지 못한다. 다른 사람들과 각기 다른 의견을 나누고 정반합의 토론을 거치는 과정에서 새로운 사유와 창의가 열리지만, 고립과 배제 속에선 비굴한 복종과 획일화만 생겨날 뿐이다.

10장 전지적 직장인

시점

겉으로는 모두가 나이스하다

모두가 나이스해졌다. 10년 전, 20년 전은 물론 불과 5년 전에 비해서도 상사들이 착해지고 과할 정도로 후배를 어려워한다. 전에는 사무실에서 고성을 지르고 호통을 치는 상사가 꽤 많았지만, 요즘에 그랬다가는 직장 생활 자체가 불가능하다. 여성에 대해서도 '사무실의 꽃'으로 취급하던 시절과는 비교도 안 되게 존중과 배려를 한다. 순혈주의에 젖어 있던 대기업들도 경력직 채용을 늘리면서 '박힌 돌'과 '굴러온 돌'의 경계선을 지우려고 노력한다.

여기에 주 52시간 근무제 도입 등으로 근무환경이 불과 몇 년 전에 비해 말도 안 되게 좋아졌다. 정시에 퇴근하거나 상사보다 먼저

나가는 것이 더 이상 놀랍거나 용감한 일이 아니고, 과거에 비해 휴가도 자유롭게 쓰는 편이다.

물리적으로나 정서적으로 요즘 직장인은 많이 편해진 게 분명한데, 왜 그들의 심기는 더 불편해지고 있는 걸까. 전에 비해 노골적인 비하 발언이나 괴롭힘, 막무가내식 마초 리더십이 많이 사라졌는데 왜 요즘 직장은 별로 나아진 게 없는 걸까. 직장은 왜 전보다 더 일할 맛이 안 나는 곳이 되고 구성원들은 상실감과 상처를 늘 달고 사는 걸까. 왜 모두가 항상 지쳐 있고 월급만을 바라보게 되는 걸까. 직장 생활의 목표가 출세나 성취가 아니라 그냥 '덜 상처받는 것'이 된 이유는 무엇일까.

직장에서 남성이든 여성이든, 나이가 많든 적든, 직급이 높든 낮든 많은 사람이 겪고 있는 미세공격은 얼핏 보면 별일 아니라고 지나칠 수 있지만, 깨알 같은 좌절과 상처가 쌓이면 지워지지 않는 흉터가 된다. 피로감과 우울감이라는 딱지, 모멸감과 자존감 하락이라는 멍울로 말이다. 피해자들은 자연스럽게 겉돌거나 더 소극적인 사람이 되고 매사에 자신감 없이 최소한으로 맡겨진 일만 하면서 꾸역꾸역 시간을 때우러 회사를 다닌다. 회사 입장에선 하루아침에 드라마틱한 손실이 발생하는 건 아니지만 조용하고 은밀하게 구성원의 로열티와 열정은 증발하고 조직의 경쟁력은 빠르게 부식될 것이다.

미세공격을 매일 마주하면 어떻게 될까. 일하러 갔는데 은근슬쩍 무시당하거나 번번이 소외된다면? 겉으로 나이스해 보이는 직장이 속으론 전혀 다른 모습이라면? 당연히 일할 맛이 안 날 것이다. 심할 경우 출근 자체가 지옥이 될 것이다.

이유는 모르지만 지치고 의욕이 떨어지는 느낌

12년 차 자동차 회사 영업사원은 요즘 유난히 의욕이 떨어지고 무기력하다. 별것 아닌 일에도 쉽게 짜증이 나고 항상 피곤하다. 직장이나 가정에 큰 걱정거리가 있는 것도 아니고 딱히 괴롭히는 사람도 없다. 그런데도 사는 게 전혀 즐겁지가 않다. 겉으로는 아무 문제 없어 보여도 속으론 물에 젖은 옷가지처럼 축 처져 있는 사람이 많다. 이들에게 바쁘게 살다 보면 누구나 그렇다고 이야기한다. 하지만 정말 그럴까?

다양성 토크를 함께 한 20년 차 이상 직장인들은 대부분 현 직급과 상관없이 입사 12~13년 차, 길게는 18년 차쯤 '현타'가 오면서 심각한 슬럼프를 겪었다고 했다. 사실 슬럼프라기보다는 '내려놓음'에 가깝고, 심할 경우 번아웃까지 이른다. 슬럼프는 그 시기를 지나면 회복돼 다시 올라가지만, 내려놓는 것은 하향 계단식이어서 시간이 지난다고 해서 다시 올라가긴 쉽지 않다. 야망도 바래고 경쟁도 지치고 비전도 없어 보이면서 점점 워라밸에만 집착하게 된다. 대기업에서 하나의 작은 부품처럼 일하며 "여긴 어디? 나는 누구?"라는 질문만 맴돈다. 다 이렇게 사는 건지 궁금해진다.

기성세대는 회사를 위해 개인의 삶을 희생해왔다고 한다. 하지만 정말 회사를 위해 몸을 던진 걸까. 그것보다는 그냥 그렇게 하는 것이 당시의 풍토이자 사회적 불문율이었기 때문일 것이다. 누구나 그렇게 일했으니까, 그때는 그게 당연하다고 여겨졌으니까, 그리고 그렇게 일하면 금전적 보상이나 사회적 지위도 얻을 수 있었으니까.

고성장 시대를 살아온 부모 세대만 해도 30대 임원 배출이 심심치 않게 이루어졌고, 부장이든 차장이든 업무 범위와 권한이 지금보다 훨씬 넓었다. 지치거나 지루할 틈 없이 승진과 월급 인상이라는 반대급부가 주어진 시대였다. 힘들긴 해도 버틸 만한 환경이었다. 하지만 지금은 승진으로 가는 길이 멀고 지난하며, 천신만고 끝에 부장이 되어도 과거의 대리만도 못한 역할과 권한이 주어진다. 권한은 줄었지만 책임과 요구 사항은 더하면 더했지 덜하지 않고, 인정을 받거나 보람을 느낄 만한 상황도 잘 주어지지 않는다.

다양성 토크를 통해 개인 삶에서 일이 차지하는 비중을 묻자 50퍼센트가 넘는다는 직원은 많지 않았다. 불과 10년 전만 해도 일의 비중이 70~80퍼센트를 차지했던 직장인이 수두룩했던 것을 생각하면 정말 큰 변화이다.

수많은 흑인이 팬데믹 기간에 재택근무를 하면서 회사에 대한 소속감을 처음으로 느꼈다고 하는 기사를 본 적이 있다. 이유는 그들이 회사에 가지 않음으로써 일상적으로 겪었던 미세공격을 더 이상 겪지 않아도 됐기 때문이라고 한다. 주변에서도 사람들에게 치이기 싫어서 영원히 재택근무를 하고 싶다는 직원들을 많이 봤다. 뼈아픈 조직의 현실이다.

잘나가고 싶지 않은 사람은 없다

어느 날 블라인드에 한 부서의 직원이 퇴사를 결심했는데, 평소 일을 잘하고 모두에게 협조적이었던 사람이라 안타깝다는 글이 올라왔다. 이 글에는 순식간에 수십 개의 댓글이 달리면서 이 직원에 대한 칭찬과 아쉬움이 줄을 이었다. 그를 아는 대부분의 동료와 선후배가 그에 대해 한결같이 '참 일 잘하는 직원'이었다는 의견을 달았다.

그 무렵 직원들과의 다양성 토크가 있었는데, 한 명이 "도대체 일 잘하는 직원은 어떤 사람인가요? 임원이나 간부 눈에는 일 잘하는 사람과 그렇지 못한 사람이 명확히 구분되나요?"라고 물어왔다. 그런 질문을 던진 것은 자신도 누구보다 일로 인정받고 싶고, 성장하고 성공하고 싶은 열망이 있었기 때문일 것이다.

직장인이라면 누구나 일을 잘하고 싶어 한다. 좋은 학교에 들어가 스펙과 실력을 쌓아 극심한 취업난을 뚫고 입사에 성공한 사람 중 인정받고 사회생활을 잘 해내고 싶어 하지 않는 사람은 없다. 꿈과 야망이 있고 경쟁에서 뒤처지고 싶지 않은 사람들이 분명하다.

본인 에너지의 90퍼센트를 직장에 쏟아부으며 억척스럽게 일했던 기성세대는 직장에서의 성공이 곧 인생의 성공이었다. 휴가도 1년에 딱 2~3일을 쓰며 월화수목금금금 회사에 나왔다. 기성세대의 눈에는 정해진 일을 딱 정해진 만큼만 하고 그 외의 부가적인 일이나 공동 업무에는 조금도 기여하지 않고 '칼퇴'해버리는 젊은 직원들이 낯설다. 저래서 제 몫을 제대로 할 수 있으려나 걱정되기도 한다.

그러나 기성세대가 간과하고 있는 것은 웬만한 기업체 직원 중에 애초부터 일을 대충 하려고 취업한 경우는 거의 없다는 사실이다. 처음부터 월급이나 받으며 일에는 최소한의 노력만 쏟으려고 작정했던 직원은 없다. 적당히 벌고 적당히 즐기고 회사보다는 회사 밖의 세상에 좀 더 몰두하는 것처럼 보이는 '요즘 애들'이라지만, 그들도 일을 잘하고 출세하고 싶어 한다. 워라밸과 조기 퇴직을 열망하는 것처럼 비치는 MZ세대 역시 일터가 즐겁다면 하루 종일 시계만 보며 퇴근 후의 세계에만 매달리진 않을 것이다.

마이클 프렌티스는 《초기업》에서 오늘날 한국 대기업의 성장을 견인하는 것은 더 이상 위계가 아니며, 남들과 자신을 구별 짓고 계층 상승을 하고자 하는 직장인의 자발적인 열망과 욕구라고 진단했다.5 남들과 다름을 인정받고 이에 합당하게 보상받고자 하는 열망이 이제는 위계를 대신해 기업을 움직이는 동력이 되고 있다는 뜻이다.

수년 전 한 기업에서 대리, 과장, 차장과 같은 직급을 없애고 '프로'나 '○○ 님'으로 호칭을 수평화하겠다고 발표하자 직원들 사이에는 반응이 엇갈렸다. 하필이면 내가 승진할 때 이런 일이 있느냐고 불만을 내비쳤고, 동기부여가 안 된다는 불평도 나왔다. 다른 대기업에서 매년 발표하던 승진자 명단을 공표하지 않겠다고 선언하자 직원들은 어차피 알게 될 건데 공식 발표를 안 하는 게 무슨 의미가 있느냐, 발표 당일 누락자의 마음이 아주 조금 덜 불편할 순 있겠지만 승진자에 대한 축하도 필요한 것 아니냐는 반응이 나왔다. 직장인들은 위계질서에 대해 거부감이 크지만, 한편으로는 능력이나 성과와 관계없이 똑같은 보상을 제공하는 평준화 구조도 환영하지 않는다.

몇 년 전 모 그룹에선 부사장과 전무 직급을 통합했는데, 역시 희비가 엇갈렸다. 전무들은 갑자기 부사장으로 불리며 바늘구멍을 통과한 듯한 쾌감을 느끼고 주변의 축하를 받았지만 이미 부사장이거나 당해 연도에 정식 부사장으로 승진이 예정됐던 사람은 후배 전무까지 부사장으로 불리는 게 반갑지 않았다. 나름 뼈 빠지게 일해서 겨우 남들과 차별되는 인정을 받았다고 생각하는 순간 다시 똑같아진다면 허탈하다고 느낄 만하다. 직급이 높든 낮든 인정과 출세 욕구, 차별화 열망이 있는 것이다. 적어도 기업에 입사하는 직원들은 크든 작든 마음속에 성공과 출세, 야망의 불씨를 갖고 있다.

그런데 많은 회사원이 출세에 애써 관심을 접고 잘나가진 않더라도 그냥 상처받지 않고 일하게 해달라고 말한다. 열심히 성실하게 일하던 직원도 어느 순간 밤낮없이 코인과 해외 주식에 파고들며 언젠가 큰돈을 벌어 보란 듯이 조직을 떠나겠다는 꿈을 키운다. 열정과 의욕을 지니고 실력과 스펙 뭐 하나 나무랄 데 없는 대기업 직원들이 왜 회사에만 가면 미세먼지에 갇힌 듯 갑갑함을 느끼고 의욕을 잃어가는 걸까. 왜 해가 갈수록 직장에서 내려놓고 또 내려놓게 되는 것일까.

상처받지 않는 게 목표가 되는 이유

직장 생활에서 의욕을 내려놓는 시기와 계기는 각자의 상황에 따라 다르다. 어떤 인터뷰 대상자는 과장 후반기쯤부터 매년 계단식으로 내려놓게 되었다고 했다. 일의 의미를 모르겠고 열심히 일하고 싶지 않은 순간이 찾아올 때마다 커리어에 대해 가졌던 꿈과 야망도 하나씩 내려놓게 되었다고 고백했다.

이들이 내려놓는 데는 한 방의 큰 계기가 있었던 것은 아니다. 물론 승진에서 누락되거나 업무 실패의 책임을 뒤집어써서 더 이상 비전을 갖기 힘들다고 판단한 경우도 있지만, 대부분은 특별히 큰 사건이나 실패를 경험하진 않더라도 일상의 좌절과 상처가 쌓여 회사에 대한 기대를 접게 되는 경우이다.

출세에 관심이 없다는 후배들이 원래부터 출세와 담을 쌓았던 것은 아니다. 처음엔 승진, 성공, 출세는 먼 미래의 일이라고 여기고 일만 열심히 하면 되는 줄 알았다. 그냥 적응하고 하루하루 잘 해내는 게 중요할 뿐이었다. 모든 게 서툴고 낯선 직장에서 큰 실수 없이 주어진 일을 해내는 것이 최우선 관심사이자 목표였다. 그런데 대리, 과장으로 한 계단씩 올라가며 과연 다음 단계로 승진할 수 있을지 모르겠다는 생각이 들고 상당수는 임원은 물론 부서장도 쉽지 않겠다는 현실을 자각하게 된다.

열심히 일했고 고과평가도 잘 받았고 주변에서 일 잘한다는 얘기도 종종 듣는데 나는 왜 출세에서 멀어진 걸까. 어디부터 잘못된 걸까. 어떤 직원은 임원, 부서장은 능력이 특출난 사람이나 하는 것으로 넘볼 수 없는 영역처럼 생각하기도 한다.

그런데 정작 승진하고 잘나가는 사람들이 모두 그럴 만한 능력이 있거나 뛰어난 건 아니라는 사실을 점차 깨닫는다. '나는 이미 출세 트랙에서 제외됐구나'라고 느끼는 순간이 왔는데, 그것이 납득이 안 되고 온당하지 못하다는 생각이 들면 마음가짐은 '이런 현실에선 출세를 위해 노력하고 싶지 않다'로 바뀐다. 이 불공정이 생각할수록 억울하고 허탈할 뿐이다.

출세에 대한 꿈을 내려놓으면 다음 단계는 현실 안주나 타협이 되기 십상이다. 일 대신 월급과 보너스, 워라밸에서 위안을 찾는다. 퇴근 후에 생활의 활력소가 될 것을 찾고, 직장 생활의 무료함을 달래줄 취미 활동이나 개인적 시간에 몰두한다.

이때부터는 미래보다는 당해 연도의 연봉 또는 성과급이 최대의 목표가 된다. MZ세대는 왜 이렇게 돈에 집착하느냐고 지적하는 기성세대도 있지만, 이들에게는 돈이 유일한 보상이자 회사를 다니는 이유일 수 있다. 돈 외의 다른 영역에선 이미 비전을 상당 부분 상실했기 때문이다.

16년 차 직장인은 "답답한 직장을 다니면서 워라밸을 누리는 것보다는 내가 일을 통해 재미를 느끼고 성장할 수 있다면 워라밸을 다소 희생할 수 있다"라며 "일에 만족을 못 하니까 워라밸과 보상만 요구하게 되는 것"이라고 말했다.

한편 워라밸은 꼬박꼬박 지키면서 일은 제대로 하지 않는 직원이 고민이라는 회사도 많다. 근무 여건이 개선될수록 직원들이 맡겨 놓은 물건 찾아가듯 회사에 오히려 더 많은 것을 바라고 요구한다는 것이다. 워라벨, 일과 삶의 균형 그 자체는 죄가 없다. 모두의 바람이 기도 하다. 그런데 업무 시간만큼은 제대로 일을 하면 좋을 텐데, 그렇지 않은 경우가 종종 있다. 업무 시간 중 자주 담배 피우러 나가기, 커피 마시기, 휴대폰 보기, 화장실에서 화장하기, 개인 용무로 통화하기, 점심시간을 한 시간 이상 쓰며 노닥거리기 등. 권리와 편익은 더 요구하지만, 의무와 책임은 회피하는 회사원이 늘어나고 있다. 회사와 조직문화가 마음에 들지 않아 설렁설렁 일하는 조용한 퇴사가 확산되며 이러한 현상은 더 많이 노출되고 있다.

송길영 작가는 《시대예보: 핵개인의 시대》에서 "직장인에게 소속감과 명분은 사실 돈보다 더 근본적인 동기부여입니다. 자신의 일이 사회에 공헌하고 있다는 대의명분이 빈약하고, 그 안에서 자신이 성장한다는 서사가 희미할 때, 숫자의 무한 비교에 매달리게 되는 것입니다. 숫자에는 모든 것을 빨아들이는 엄청난 흡인력이 있기 때문입니다"라고 했다.6

왜 저런 사람이 출세하나요

매년 인사이동과 승진인사를 통해 전하는 회사의 시그널은 매우 명확하다. 이렇게 일하고 이만큼 성과를 내면 출세할 수 있다는 신호인 것이다. 그러나 회사의 시그널이 늘 합리적인 것은 아니다.

후배를 쥐어짜는 게 주특기인 선배가 윗사람에게 아부해서 잘나가고, 입으로만 일하고 실제 하는 일이 없는 동료가 단지 부서 운이 좋아 탄탄대로에 올라탄 것을 보면서 다수의 직원은 잘못된 시그널을 받는다. 회사에서 인정받기 위해 온갖 일을 다 받아와 더 이상 여력도 없는 후배들에게 떠안기고 본인은 사내 정치를 하러 다니는 최악의 선배가 '승진은 따놓은 당상'이란 얘기를 들으면 주변의 동료 선후배는 허탈함을 느낄 수밖에 없다. 그리고 생각한다. '출세는 저런 사람이 하는 거구나.'

인사평가나 승진에서 가장 중요한 기준은 성과라고 생각하지만, 현실 세계에서는 그렇지 않은 경우가 많다. 대리, 과장에서부터 임원까지 별반 다르지 않다. 성과는 누구보다도, 그 어느 때보다도 좋았지만 연말 인사에서 퇴임 통보를 받는 임원이 있고, 1~2년씩 앞서 발탁되는 간부나 임원 중엔 고개를 갸웃거리게 만드는 인사도 적지 않다. 창사 이래 최대 실적을 냈지만, 그해 연말 승진에서 미끄러지는 간부들도 있다. '승진은 능력 순이 아니고, 잘리는 것도 성과 순은 아니다'라고도 한다. 업적이나 실력보다 중요한 요소가 있는 것이다.

기업은 직원들과 심리적인 계약을 맺는다. 열심히 일하고 성과를 낸다면 회사는 거기에 합당한 보상과 대우를 해줄 것이라는 묵시적인 계약이다. 구성원은 조직으로부터 연봉과 지속적인 고용, 승진 등 각종 인센티브를 약속받고 그에 대한 대가로 아이디어와 기술, 열정과 성실을 제공한다. 그러나 직장에서 이상한 사람이 인정받고 승진하는 현상을 목격하면서 회사와 맺은 심리적 계약이 믿을 수 없고 현실에서 제대로 작동하지 않는다고 생각하기 시작한다.

납득할 수 없는 이유로 특정인이 승진하고 보상받거나 반대로 성과와 능력이 입증됐음에도 이유 없이 자꾸 기회가 박탈된다면 그것은 조직 전체에 위험한 시그널을 주는 것과 같다. 바로 '열심히 일하는 사람이 바보'라는 메시지이다.

판매회사의 한 고위 임원은 늘 실적이 좋았지만, 그 이면에는 무리하고 부실한 계약이 많았다. 그 임원의 부실영업에 대해 모르는 사람이 없을 정도였지만 그럼에도 불구하고 승승장구했고 회사 내에선 자조적인 얘기가 돌았다. "부실영업을 해서라도 당장의 매출을 달성하라는 게 회사의 메시지인가 보다."

젊은 직원들은 도대체 어떤 사람이 출세하는 건지 잘 모르겠다는 이야기를 많이 한다. 부서장, 임원까지 오른 비결이 무엇인지 묻기도 하고, 자신은 그런 승진 가도에 올라탈 수 있을지 모르겠다는 속내도 털어놓는다.

그런데 후배들이 진짜 궁금해하는 것은 '우리 회사에선 왜 이런 이상한 사람들이 출세하는가'이다. 모두가 "문제 있다" "하는 일이 없다" "윗사람 눈치만 본다"라고 이야기하는 사람이 왜 발탁되는 것인지, 그게 인사결정권자 눈에만 안 보이는 것인지를 궁금해한다. 회사 내에서 소위 말하는 출세 가도를 달리는 사람들에게서 딱히 존경스럽거나 배울 점을 찾기 힘들다는 것이다. 오히려 함께 일하는 게 고통스럽고 팀을 지옥같이 만드는 경우도 많은데, 과연 그런 사람이 회사가 원하는 인재인지, 회사의 미래를 맡겨도 되는 사람인지 납득하기 어렵다는 생각을 한다.

입사 15년 차 직원은 "요즘 직원들은 '더 이상 믿을 선배가 없다' '저 사람처럼 되기 싫다' '저런 사람이 부장, 임원을 하는 거면 나는 부장, 임원 되기 싫다'라는 얘기를 많이 한다"라고 전했다.

우울증, 정서적 고갈, 분노 그리고 조용한 퇴사

2023년 글로벌 여론 조사 업체인 갤럽Gallup이 발표한 〈글로벌 직장 현황보고서〉에 따르면 전 세계적으로 59퍼센트의 직장인이 조용한 퇴사 상태에 있는 것으로 나타났다. 이들은 최소한의 업무만 수행하며 직장과 심리적으로 거리 두기를 하고 있다. 2024년 조사에서는 전 세계 직장인의 23퍼센트만 직장 생활과 업무에 '몰입하고 있다'라고 응답했다. 몰입도는 조직과 업무에 대한 정신적·심리적 연결 강도로, 단순한 직무 수행을 넘어서 조직의 목표에 대한 헌신과 열정을 반영한다. 특히 한국 직장인은 '몰입하고 있다'라는 응답이 13퍼센트로 평균 18퍼센트를 기록한 동아시아 지역에서도 유독 낮은 수준을 보였다.[7]

미세공격이 장기간 방치되면 몰입도 저하를 넘어서 불만을 공개적으로 표출하며 회사를 떠나는 '요란한 사직loud quitting'으로 이어질 수 있다. 회사의 정책이나 근무환경, 때로는 관리자나 동료에 대한 불만을 소셜미디어 등을 통해 적극적으로 표현하고 주변 동료들에게도 영향을 미치는 위험한 결과를 가져올 수 있다.

한국의 젊은 직장인들 사이에 '회사 우울증'은 어제오늘의 일이 아니다. 잡코리아 조사에 따르면 코로나 19 이전인 2018년에 이미 직장인의 83.5퍼센트가 회사 우울증에 시달린 경험이 있는 것으로 나타났다. 수치는 남성과 여성 모두 비슷했고, 대기업 직장인이 가장 심했다. 원인으로는 자신의 미래와 회사에 대한 불확실한 비전, 과도한 업무량, 불공정한 급여 인상, 상사와의 관계 순으로 꼽혔다.[8]

팬데믹 이후 적응력, 조직 내 융화, 대면 소통에서 어려움을 호소하는 직장인들이 늘어났고 우울감이나 외로움이 젊은 층에 더 깊게 파고들었다. 여기에 미세공격까지 더해져 직장인들을 갑절로 지치게 하고 있다. 조용하고 은밀하게 조직에 대한 로열티와 열정은 쇠퇴하고 조직이 하는 일에 최소한의 에너지만 쓰려 한다. 다른 사람과의 접촉을 최소화한 채 자신만의 성에 머물며 더 이상 다치지 않으려 빗장을 걸어둔다.

한편 참지 않고 미세공격을 비롯한 직장 내 차별과 편견에 맞서는 사람들은 항상 문제를 제기하는 '그 사람the one'으로서의 불안과 스트레스에 시달린다. 모두가 침묵할 때 후폭풍을 알면서도 입을 여는 그 사람, 불공정을 지적할까 말까 끝없이 망설이며 갈등하는 그 사람 모두가 정신적, 육체적으로 고갈된다. 미세공격은 참아도 병이 되고 맞서도 병이 되는 맹독이다.

전지적 회사

시점

회사가 직원을 우습게 안다

미세공격은 결국 존중에 관한 문제이다. 상사, 동료, 후배에게 존중받지 못한다고 느낄 때 회사 가기가 싫어지지만, 사람을 넘어서 회사가 자신을 존중하지 않는다고 느낄 때는 그 여파가 개인 차원을 넘어서 조직 전체의 문제로 급속도로 번지게 된다.

회사가 직원 알기를 우습게 안다는 느낌이 드는 건 최악의 미세공격이다. 회사에서 일방적으로 뭔가를 결정해 내놓을 때, 직원들이 당연히 알 권리가 있는 사안인데도 투명한 설명 없이 침묵할 때, 누가 봐도 경영 위기인데 경영진의 설명이나 비전 제시가 없을 때, 회사가 직원들에게 줬던 것을 뺏을 때, 조직이 직원들에게 솔직하지 못하고 거짓말을 할 때, 직원들이 끊임없이 요구하는 것을 일언반구 없이 무시할 때, 회사가 수시로 주요 의사결정을 바꾸고 문제를 외면하며 고치려 들지 않을 때 직원들은 한없이 절망한다.

특히 MZ세대는 이전 세대보다 객관적인 팩트와 데이터를 기반으로 판단하는 경향이 있다. 반드시 조직을 믿지 않는다기보다는 한 번 더 사실관계를 검증하고 싶은 것이다. 안타깝게도 많은 회사가 구성원들의 요구를 못 본 척, 못 들은 척하며 대충 넘어가려고 한다. 깐깐하고 말이 많은 MZ세대가 피곤하고 성가실 뿐이다. 그런 조직이 MZ세대의 신뢰를 얻을 리 없다.

회사가 잘나갈 때는 대개 문제가 없다. 회사가 못마땅한 구석도 많지만 어쨌든 노동의 대가가 확실하게 주어지기 때문이다. 마음 상함을 두둑한 성과급으로 극복해낼 수 있다. '회사에서 이런 (불쾌한) 일 겪으라고 월급 주는 거니까. 회사가 마냥 즐겁기만 하면 월급을 받는 게 아니라 주고 다녀야지'라며, 직장인들은 회사 스트레스를 어느 정도 기꺼이 감내할 준비가 되어 있다.

그런데 회사 실적에 문제가 생기고 성과급이 곤두박질치면 그동안 눈감았던 조직의 못마땅한 행태가 참을 수 없어지고 회사가 직원을 조금도 존중하지 않는다는 생각이 든다. 5년 차 회사원은 "입사할 때 우리 회사의 문화가 구리다(올드하다)는 것은 이미 알고 있었지만, 연봉과 성과급이 높으니까 그걸로 상쇄된다고 생각했다"라며 "그런데 입사 후 경영 상황이 안 좋아지면서 성과급이 훅 떨어지자 그동안 그러려니 했던 회사 문화에 화가 나기 시작했다"라고 말했다.

기업은 시장 상황에 따라서 좋을 때도 있고 어려울 때도 있다. 좋을 때 별문제가 없었다고 해서 회사가 직원들을 만족시키고 있다고 착각해선 안 된다. 상황이 바뀌면 직원들의 좌절과 분노가 한꺼번에 분출되기 때문이다. '헬직장'이 되는 건 시간문제이다.

입사 9년 차 중견기업 직원은 "회사 실적이 나쁘면 성과급이 안 나올 수는 있다. 그런데 경영진의 태도가 진짜 별로이다"라며 "매일 매일 새로운 거 검토하라고 하고 어제 했던 말이 손바닥 뒤집듯 바뀌니 하나에 열중할 의미가 없다"라고 말했다.

하지만 회사 입장에선 실적이 좋을 땐 가만히 있다가 조금만 나빠져도 들끓는 직원들이 이기적이고 야속하다고 느낀다. 회사가 직원을 우습게 여기는 게 아니라 직원들이 회사를 봉으로 알고 너무 쉽게 몰아붙인다고 생각한다.

MZ를 공부해도 통하지 않는 이유

회사는 단순하다. 복잡미묘한 사람의 심리를 들여다보기도 귀찮고 그럴 역량도 안 된다. 그래서 구성원들을 위해서 많은 노력을 한다고 하지만 제대로 된 노력이 아닌 경우가 많다. 회사를 끌어가는 경영진들은 대부분 기성세대이고, 높은 자리까지 오르는 과정에서 미세공격을 덜 겪었거나 안 겪은 척 스스로를 세뇌하며 앞만 보고 달려왔을 가능성이 크다. 그러니 과거에 비해 요즘 애들은 열심히 일하지도 않으면서 불만만 많은 한심한 세대라고 생각한다.

갈수록 떨어지는 직원들의 생산성을 올리기 위해 회사도 나름의 노력을 기울인다. 어찌 됐든 요즘 애들을 열심히 일하도록 만들기 위해선 그들이 좋아할 만한 당근을 주어야겠다고 생각한다. 미우나 고우나 직원들을 이끌고 함께 나아가야 하기 때문이다.

그래서 기업마다 앞다투어 기상천외한 직원 혜택을 경쟁적으로 내놓고 있다. 회사가 이렇게까지 잘해주는데 불평하지 말라는 의미로, 아니면 직원들이 진짜 원하는 것을 들어주기는 힘드니 다른 방법으로라도 마음을 달래주자는 심산으로 각종 당근책을 제공한다.

우선 회사는 MZ세대 공부부터 시작한다. 그들의 사고방식과 취향, 행동 패턴 등을 엄청나게 공부한다. 임원과 부서장들은 각종 강의를 듣고 책을 읽으며 MZ세대를 무한 반복해서 학습한다. 관리자는 딱히 의지가 없어도 회사가 수시로 공부를 시킨다. 한때 '관리자의 존재 이유는 후배 직원(MZ세대)의 비위를 맞추는 것'이라는 냉소적인 얘기까지 나올 정도였다. 무엇이든 해야 하는 인사팀은 수시로 관리자들에게 젊은 직원들과 소통하는 팁을 메일로 보내기도 한다.

회사에는 서로 다른 특성을 지닌 다양한 그룹이 존재하지만 대부분의 회사가 신경 써야 할 1순위로 젊은 직원들을 꼽고 있다. 회사에 존재하는 많은 문제가 세대 차이에 기인한다고 생각하는 듯하다. 그래서 MZ 트렌드를 배우고 후배들에게 리버스 멘토링을 받으며 MZ세대가 원하는 제도를 도입하고 있다. 많은 관리자가 속으론 시큰둥하지만, 회사가 시키니까 MZ세대를 이해하고 그들에게 인기 있는 선배가 되기 위해 애를 쓴다. 상하 직원 간 소통을 위해 평일에 100퍼센트 회사 비용으로 조건 없이 놀게 해주는 대기업도 있다. 얼마나 소통이 간절하면 이런 노력까지 할까.

요즘 웬만한 기업에선 세대 문제는 인정하지만, 성별이나 학연, 지연, 혈연에 의한 불공정한 인사는 없다고 생각한다. '어느 시대인데 성차별인가. 우리 회사에선 꿈도 못 꿀 일'이라고 자신한다. 회사 안팎에서 특정 학교 출신이 아니면 출세하기 힘들다는 얘기가 나오고 있지만, 회사 입장에선 객관적인 평가에 따랐을 뿐 특혜를 준 적이 없기 때문에 문제 될 것이 없다고 여긴다.

회사는 어떠한 집단이 불만이 많거나 피해를 주장한다면 그것은 그들이 무능하고 피해의식이 있기 때문이라고 치부한다. 문제를 제기하는 직원들을 골치 아픈 'MJ인력(문제 인력을 영문 이니셜로 표현하는 은어)'으로 낙인찍고 회사의 문제가 아닌 그들의 탓으로 돌려버리곤 한다. 피해를 주장하면 순식간에 쿨하지 못할뿐더러 자존감이 낮은 사람이 된다. 그렇게 많은 직원이 회사의 시선, 동료의 눈초리를 의식하여 스스로를 설득하고 타협하며 웬만한 일에는 눈을 감아버린다.

회사는 나름대로 조직문화를 개선하기 위해 노력하지만, 본질을 꿰뚫는 것이 아니라 노력한다는 걸 보여주는 쇼에 그치는 경우가 많다. 때론 문제가 있지만 없다고 단정하고 문제를 지적하는 세력에게 화살을 돌린다. 본질을 회피한 채 헛다리 짚는 노력을 가짓수만 많은 반찬처럼 늘어놓는다.

번지수를 잘못 찾은 처방

많은 기업이 비주류 또는 소수 집단 구성원을 고용하거나 승진시키고, 그들을 격려하기 위한 행사를 열기도 한다. 그러나 이런 노력은 상징적인 수준이거나 '우린 할 만큼 했다'라는 걸 나타내려는 의도일 때도 많다. 한두 명을 눈에 띄게 승진시키고 이벤트를 개최한다고 해도 큰 틀은 그대로인 경우가 대부분이다.

그러나 공급자인 회사는 여러 정책과 이벤트를 통해 구조적 편견과 권력 불균형을 타파하고 포용에 성공했다는 환상을 갖게 된다. 스스로 만든 착시 효과에 빠지는 것이다. 고작 한두 명의 비주류를 포용하고서 공정한 문화를 구축했고 과감히 벽을 부쉈다고 자화자찬하기도 한다.

증권사 여성 임원 Q는 초임 상무 시절 회사 실적이 곤두박질치면서 모든 임원이 자의 반 타의 반으로 늦어도 오전 7시까지 조기 출근을 하던 중 인사팀의 전화를 받았다. 여성 임원들은 아침에 준비할 시간이 더 필요하고 집안일도 해야 하는 데다 '육아맘'들은 아이들도 돌봐야 하니 한 시간 늦게 출근해도 된다는 내용이었다. 인사팀이 여성에 대한 배려 차원에서 내놓은 아이디어였다.

그러나 Q는 인사팀의 제안이 전혀 현실성 없게 느껴졌다고 했다. 자신이 속한 본부는 매일 오전 7시부터 임원 회의가 있는데, 본인만 여성이라고 회의에 빠지는 게 말이 되느냐는 이야기였다. 조기 출근에서 빠지고 직장 생활에서도 아예 빠지라는 신호와 마찬가지로 여겨졌다. 여성이라고 남들보다 한 시간씩 늦게 출근하고 중요한 업무 방향을 공유하는 회의에 빠진다면 어떻게 그 부서에서 핵심 업무를 수행할 수 있으며, 어느 동료 선후배가 자신을 동등한 협력자로 대할까. 조직이 어떻게 굴러가는지를 고려하지 않은 채 내놓는 '여성만 따로'인 정책은 전혀 효용성이 없고 오히려 차별을 고착화한다. 그런 제안이 여성에 대한 배려라고 생각한다면 그것은 인사팀의 착각이다.

일과 가정의 양립을 위한 체계적인 정책이 있어야 하고, 정책이 원활하게 돌아가도록 시스템화해야 하며, 여성이 느끼는 회사 내 편견과 불편함이 무엇인지 근원적으로 들여다보려고 노력해야 한다. 늦게 출근하라고 해놓고 막상 여성을 최고경영자로 발탁할 때는 뚜렷한 이유 없이 갸우뚱하거나 핵심 보직을 모두 남성들로 채우는 관행이 지속된다면 출근 시간 배려가 무슨 의미가 있을까.

MZ세대의 환심을 사기 위한 기업들의 눈물겨운 노력을 뉴스를 통해 종종 접할 수 있다. 기업마다 오후 6시만 되면 컴퓨터 전원이 자동으로 꺼져 잔업을 못 하게 하는 피시 오프PC off제, 한 달에 한 번은 오후 3~4시에 퇴근하게 하는 집중근무제, 순환식 재택근무, 셀프 결재를 통한 자유로운 연차 사용 등은 이미 기본이 된 지 오래이다.

결혼과 출산에 파격적인 지원을 해줄 뿐 아니라 비혼을 선언하는 직원에게 축하금을 주기로 해서 화제가 된 회사도 있다. 바다가 보이는 휴양지에서 워케이션을 하도록 지원하고 특급호텔을 방불케

하는 초호화 점심 식사를 몇천 원에 제공하기도 한다.

주 4.5일제에 이어 주 4일제도 속속 도입되고 우수 직원으로 뽑히면 억대 금액의 고급 외제차를 한 달 동안 무료 대여해주는 제도도 등장했다. 매주 한 번씩 무료로 미용실을 열어주는 곳도 있고 한 달에 한두 번은 점심시간을 두 시간씩 주는 회사도 있다. 덕분에 어떤 직원들은 점심을 빨리 먹고 코인 노래방에 가서 한 시간 반 동안 열창하고 사무실로 돌아왔다고 한다. 신임 임원에게 젊은 직원들과 조를 짜서 직원들이 가고 싶어 하는 핫플레이스에 가서 점심 먹기, 근무 시간에 MZ세대가 하고 싶은 일 함께 체험하기 등을 하도록 한 기업도 있다. 젊은 직원들은 이 이벤트를 통해 한 끼에 몇만 원씩 하는 외국계 버거집을 다녀와 주변에 자랑하기도 했다.

모두 좋은 의도에서 기획된 참신한 시도이다. 워라밸을 중시하는 MZ세대에게 어필할 수 있는 매력적인 회사가 되는 길이기도 하다. 회사가 이렇게 해주는데 직원 입장에서 싫을 리 없다. 당연히 직원들은 이런 혜택에 열광한다. 하지만 이것이 회사에 대한 로열티를 증가시키고 업무 몰입을 촉진하는 필요충분조건은 아니다. 블라인드에서 "우리 회사에서 딱 하나 좋은 건 구내식당이고, 그것 빼곤 다 엉망"이라는 글을 본 적도 있다.

글로벌 기업에서는 기성세대뿐 아니라 MZ세대도 점심시간에 자리에 앉아 샌드위치를 뜯어가며 계속 일을 하는 게 다반사이다. 눈코 뜰 새 없이 바쁘게 일하면서도 회사 안에서 함께 성장한다는 만족감과 성취감을 느끼는 경우가 드물지 않다. 반면 직원들에게 자유시간을 지나칠 정도로 주더라도 상처를 입히거나 의욕을 꺾는 일이 빈번하게 발생한다면 몰입감이나 성취감을 끌어올리기 힘들 것이다.

직원들의 마음을 얻기 위한 제도가 의미 없다는 것이 아니다. 다만 이 제도가 빛을 발하게 하려면 일상 속 미세공격으로 인한 직원들의 조용한 상처와 분노를 어떻게 줄일지에 대한 고민이 선행되어야 한다는 뜻이다.

사무실이 건조해 직원들의 불만이 속출한다고 생각해보자. 습도계를 설치해 확인해보니 실내 습도가 10퍼센트 정도밖에 안 된다. 이때 사무실의 습도가 높아졌다는 걸 직원들에게 보여준답시고 습도계를 젖은 수건으로 감싼다면 어떻게 될까? 측정되는 습도는 올라가겠지만, 사무실의 건조함은 별반 달라진 바가 없을 것이고 직원들의 불만도 끊이지 않을 것이다. 직원들의 진짜 고충을 해결하는 데는 전혀 도움이 안 되는 처방이다.

마찬가지로 보너스 산정 기준을 공개하라는 직원들의 요구를 무마하기 위해 특별 격려금을 지급하는 것은 근본적인 문제 해결책이 되지 못한다. "왜 여성 임원이 한 명도 없느냐"라는 회장의 질문에 그제서야 부랴부랴 여성 한 명을 승진시키는 것도 근본적인 처방이 아니다. 왜 여성이 없는 것인지 제대로 살펴보아야 한다. 조직 곳곳에 먼지처럼 쌓인 무의식적 편견이 이런 결과를 야기한 건 아닌지 직시하고 정면 돌파해야 한다.

원인과 결과를 혼동하거나 핵심을 간파하지 못하고 헛다리를 짚는 회사들이 안타까울 뿐이다. 본질에서 벗어난 처방으로 예산만 쓸데없이 낭비하는 건 아닌지 돌아볼 필요가 있다.

이렇게 잘해주는데 왜 불평하나

회사가 이렇게 MZ세대를 배려하고 과거에는 상상도 못 했을 복지 혜택을 주는데 그들은 왜 회사에 항상 날을 세우고 있을까. 왜 충성은커녕 늘 불평불만이 가득하고 냉소적이며 톡 건드리기만 해도 터질 것처럼 예민함의 발톱을 세우고 있는 걸까.

상사들은 요즘 세대가 인정욕구가 강하다고 판단해 후배가 기본만 해도 칭찬하고 격려해준다. 비주류를 포용하기 위해 블라인드 채용을 하고 승진 인사에서 젊은 세대의 발탁, 여성의 발굴, 고졸 출신의 파격 승진 등을 위해 나름 애쓰고 있다. 경력직 채용도 늘리고 해외 인재의 영입을 통해 다양성을 증진하기도 한다.

그런데도 매사에 구시렁대는 젊은 직원들과 씨름하다 보니 회사 입장에서도 은근히 화가 나고, 결국 그들을 불신하게 된다. 20, 30대는 기존 직원과는 전혀 다른 새로운 인종이라거나 사고방식과 성향이 완전히 달라서 이해 자체가 불가하다고 단정 짓기도 한다. 겉으로는 "나는 MZ세대가 더 편해"라고 과시하면서도 은연중에 요즘 애들은 참 다루기 힘들고 골치 아픈 존재라는 생각을 많은 관리자가 하고 있다.

기업들이 다양성을 추구하고 세대를 포용하려는 노력의 이면에는 언론과 국민 눈에 혁신적이고 쇄신할 의지가 있는 것처럼 보이려는 의도도 담겨 있다. 그것이 해당 기업에 대한 좋은 이미지로 자리 잡고 나아가 소비자의 선택과 취업 시장에 나온 인재들의 선호도, 정책 당국의 행보에도 영향을 미치기 때문이다. 이것이 회사의 또 다른 진심이다.

　그래서 때때로 직원들은 회사의 노력을 남에게 보여주기 위한 제스처로 평가절하 하고 냉소적인 반응을 보인다. 진정성이 없다는 것이다. 한편 회사는 그런 직원들을 못마땅해하고, 직원들은 또다시 회사를 불신하는 악순환이 반복되고 있다.

12장 **전지적 조직**

시점

지금 사람들은 조직에 무엇을 기대하는가

2023년 《월스트리트저널》과 시카고대학교 여론조사센터NORC, National Opinion Research Center는 공동으로 미국인의 가치관을 조사했다. 미국 성인 1,000여 명을 대상으로 중요한 가치가 무엇인지를 복수 응답하게 한 이 조사에서 애국심이라고 답한 응답자는 38퍼센트에 불과했다. 이는 1998년 처음으로 이 조사를 실시했을 때 70퍼센트가 그렇다고 대답한 것과 대조되는 결과로, 거의 반토막이 난 것이다. 종교라고 답한 응답자도 62퍼센트에서 39퍼센트로 하락했고, 자녀를 갖는 것 또한 59퍼센트에서 30퍼센트로 급락했다. 25년 전에 비해 미국인에게 더 중요해진 유일한 가치는 돈이었다. 1998년 31퍼센트에서 43퍼센트로 상승한 결과를 보였다.[9] 이러한 변화는 세대 차이와 사회적 변화가 반영된 결과로 보인다. 정치·경제적 불안과 코로나 19 등이 미국인의 가치관을 드라마틱하게 변화시킨 것이다.

국내 사정도 크게 다르지 않다. 2024년 잡코리아가 실시한 직장 생활 만족을 위한 '가치 요인 조사'에서 급여를 꼽은 사람이 62.7퍼센트로 가장 많았다. 아무리 열심히 일해도 내 집 장만이나 노후를 대비할 여력이 안 생기는 현실 때문에 더 이상 애사심이나 성취감이 제일이 아니라 돈이라고 생각하는 비율이 크게 늘었다고 추정할 수 있다. 이 조사에서 가치를 느끼는 요인 2순위가 경력에 따라 다르게 나타났다는 점이 흥미롭다. 경력 9년 이하의 직장인들은 성장 가능성을 꼽았고 10년 이상은 워라밸을 선택했다. 성장 가능성이라고 응답한 비율은 4~6년 차가 46.4퍼센트, 7~9년 차는 32.8퍼센트로 나타났다. 저연차 때는 성장에 대한 욕구가 컸는데 연차가 쌓일수록 성장 대신 워라밸과 돈에 기대게 되는 것이다.[10]

사람인에서 승진에 대한 관심 여부를 조사한 결과 직장인의 절반은 승진에 관심이 없는 것으로 나타났다. 그 이유로는 평생직장 개념이 희미하고 승진이 회사 생활을 유지하는 매력 요소가 아니라는 점을 지목했다. 또한 인사평가를 딱히 믿지 않고 승진보다는 재테크, 자기계발이 더 중요하다는 의견을 보였다. 승진을 결정짓는 인사평가에 대해서도 응답자의 60퍼센트 정도가 불만이 있다고 했는데 평가 기준이 명확하지 않고 상급자의 임의대로 이뤄진다는 생각이 압

도적으로 많았다.[11]

점점 더 회사에 돈 이외에는 기대하는 것이 사라지는 시대가 오는 것 같다. 입사 초년에 가졌던 성장 욕구도 옅어지고 이런 조직에서 승진해봐야 소용없다는 생각만 커지는 안타까운 현실이다.

에너지가 줄줄 새고 있다

'타서 없어지다'라는 뜻의 번아웃은 다 타버린 촛불처럼 지친 직장인에게 흔히 적용된다. 기성세대는 열정이라는 이름으로 밤낮없이 회사 일에 몸을 던지도록 강요당했다. 번아웃이 일 잘하는 사람에 대한 훈장처럼 여겨진 적도 있다.

번아웃은 개인의 상태를 의미하지만 동시에 집단이나 조직의 문화를 보여주기도 한다. 번아웃의 개념도 달라졌다. 육체적으로 방전될 때까지 하루 종일, 365일을 일해서 번아웃이 온다기보다 주 40시간만 일해도 지치고 고갈되는 직원들이 많다. 단순한 근로시간의 문제가 아니라 구성원들이 존중받지 못하는 환경에 지속적으로 노출되면서 스트레스가 누적돼 정신뿐 아니라 육체까지 소진되는 것이다.

갤럽 조사에 따르면 직장에서 부당한 대우를 받는다고 강하게 느끼는 직원은 번아웃을 경험할 확률이 2.3배나 더 높았다. 부당한 대우는 편견, 편애, 상사나 동료의 무례한 행동, 불공정한 보상 또는 불합리한 기업 정책 등을 포함한다. 이러한 부당함은 직원들이 관리자 또는 리더십을 신뢰하지 않게 만들어 일의 의미를 상실하게 하고 결국 번아웃으로 이어진다.

또 관리자의 지지를 받는다고 강하게 느끼는 직원은 업무 번아웃을 경험할 가능성이 약 70퍼센트 낮았고 반대로 관리자가 태만하거나 대립적인 태도를 보이면 직원들은 정보 부족, 외로움을 느끼고 방어적인 태도를 갖게 되는 것으로 나타났다.

번아웃으로 인한 조직적 비용도 상당하다. 번아웃에 빠진 직원은 병가를 낼 가능성이 63퍼센트 높고, 적극적으로 다른 직장을 찾을 가능성이 2.6배 더 크다.[12]

갤럽은 2023년 조용한 퇴사가 세계 경제에 미치는 총피해액을 전 세계 국내총생산GDP의 9퍼센트에 달하는 약 8조 8,000억 달러로 추산했다.[13]

많은 구성원이 지치고 힘들어한다면 그들이 속한 조직 자체가 번아웃의 환경을 만들고 있는 것이 틀림없다. 미국의 에세이스트인 조나단 말레식Jonathan Malesic은 《번아웃의 종말》에서 번아웃은 근본적으로 우리가 서로를 대하는 방식의 실패에서 온다고 지적했다. 일터가 사람들이 원하는, 또는 그들에게 마땅한 환경을 내어주지 않았기에 번아웃이 생긴다는 것이다. 더 나아가 번아웃 문화는 노동자의 인간성을 존중하지 못한 윤리적 실패의 결과물이라고 이야기했다.[14]

입사 25년 차 고참 부장은 "2008~2009년 글로벌 금융위기 때도 요즘처럼 분위기가 나쁘진 않았다"라고 전했다. 그는 "당시 임금이 동결되고 성과급이 없어도 다들 으쌰으쌰 힘내서 함께 잘해보자는 분위기였다"라며 "지금은 회사가 망하든 말든 월급이나 더 내놓으라는 마인드가 팽배해 있다"라고 말했다.

블라인드에는 "열심히 일해서 부지런히 연봉과 직급을 올려 부장이 된다고 쳐도 월급 루팡(인건비만 축내는 월급 도둑)하며 대충 일하는 것보다 기껏해야 3억 원 정도 더 벌 수 있다. 임원 될 생각이 있는 게 아니면 적당히 일하고 빨리 퇴근해서 재테크에 집중하는 게 낫다. 너무 열심히 일하지 말자"라는 글도 올라왔다.

입사 7년 차의 직원은 "일 못 하는 사람이 심리적 태업을 하면 그러려니 하겠는데 롤모델이었던 선배가 조용한 퇴사로 돌아선 것을 보고 충격을 받았다"라고 했다. 언제든 다른 직장으로 옮길 준비를 하면서 맡겨진 일만 근근이 하는 직장인이 도처에 퍼져 있다. 특히 재택근무의 확산에 따라 사무실에서 한 발짝 떨어져 자신의 커리어와 미래에 대해 생각해볼 수 있는 시간이 늘며 이러한 현상에 불을 붙였다.

구성원 대다수가 최소한의 노력으로 기본만 해내자는 생각을 한다면 조직으로선 엄청난 손실을 입는다. 출세에 관심 없는 직원을 최소화하는 것, 출세는 공정한 규칙에 의해 합리적으로 이루어지므로 당신도 도전할 수 있다는 분위기를 만드는 것이 기업 입장에서는 무척 중요하다. 이런 토양이 갖춰져야만 직원들이 열정을 가지고 자발적으로 일할 수 있고 이는 조직의 동력과 에너지로 이어진다.

집단 침묵은 조직을 벼랑 끝으로 몰고 간다

다양한 IT기업에 자문을 해온 킴 스콧은 《실리콘밸리의 MZ들》에서 상사가 중요한 프로젝트의 이름으로 베트남전 중 많은 사상자를 낸 폭격 작전의 이름인 '롤링 선더Rolling Thunder'를 결정했을 때, 차마 이 사실을 지적하지 못했던 한 사람의 사례를 소개한다.[15]

많은 조직에서 상사나 조직의 '인싸' 눈 밖에 날까 봐 반대의 목소리를 내기가 쉽지 않다. 다른 관점을 제시하기 어렵고 좁쌀만 한 토를 다는 데도 진땀이 흐른다. 전혀 동의하지 않아도 행여 밉보일까 봐, 왕따당할까 봐 억지로 자신을 조직에 꿰맞춘다.

다른 관점은 다른 경험, 다른 네트워크, 다른 사고체계에서 나온다. 서로 다른 관점에서 나온 다양한 의견은 조직의 중요한 자산이며, 비판과 방어를 거친 아이디어를 바탕으로 더 나은 판단을 내릴 수 있다. 그런데 편향과 배제, 예스Yes를 강요하는 무언의 분위기가 무겁게 깔려 있는 조직이 많다. 무역회사에서 일하는 과장은 회의 도중 회사 방침에 대한 부작용을 우려했더니 상사로부터 탈레반 같은 소리를 한다는 핀잔을 듣고 다시는 튀는 목소리를 내지 않기로 결심했다고 한다.

조직에서 남성들이 소외나 배제를 더 못 견뎌 하는 것을 종종 목격할 수 있다. 여성은 조직에서 어차피 소수인 경우가 많기에 자의 반 타의 반으로 '떼거리 문화'에서 자유로울 수 있다. 반면 군대 문화를 경험한 남성들은 권위와 규율을 존중하고 한 치의 오차도 없는 일사불란한 행동에 익숙하다. 사소하더라도 튀는 행동을 하거나 남들과 다른 선택을 하는 데 주저하는 경향도 높다.

질서 정연한 집단 내에서 B급의 삐딱한 감성으로 돌출된 존재가 되는 것은 대부분이 피하고자 하는 일이다. 집단 내에 머무르기 위해, 소속되기 위해, 배제되지 않기 위해 최대한 주류를 거스르지 않는 행동을 하고 영혼 없는 맞장구를 치며 거짓으로 동의하곤 한다.

양심상 지지 발언을 못 하겠으면 입을 꾹 다물고 가만히 있는다. 뒤돌아서는 '저러면 안 되는데' 하면서도 권력자 앞에선 침묵으로 일관하며 암묵적인 동의를 한다. 어차피 말해봤자 말한 당사자만 찍히고 회사가 변하지는 않을 테니 조용히 있는 게 낫다고 판단하는 것이다. 그렇게 살다 보니 때로는 진짜 자신의 생각과 소신이 무엇인지 잊은 채 집단의 사고방식을 진심으로 믿는다고 착각하는 경우도 많다. 집단에 의한 가스라이팅과 같다.

리더 중에는 반대 의견 또는 다른 생각을 용납하지 못하는 이들이 의외로 아주 많다. 자신이 생각하는 방향에 이견을 내면 순식간에 낯빛과 표정이 달라지고 말투에 짜증이 묻어나는 리더를 직장인이라면 적지 않게 보았을 것이다. 이견을 싫어하는 상사를 바라보면서 직원들은 조직 생활에 필요한 행동 방식을 저절로 배우게 된다. 어차피 결론은 정해져 있다는 답답함을 느낀다.

몇 년 전 메타버스가 전 세계의 주목을 끌면서 한 패션 회사는 반려동물과 패션을 결합한 메타버스 기반의 커뮤니티를 만들기로 했다. 이 의사결정에는 대다수 임직원이 '내 일이 아니다'라는 이유로 관심이 없었고 상당수는 아예 추진 사실조차 몰랐다. 임원 중에 메타버스 활용에 대해 회의적이거나 회사의 다급한 사업 중 우선순위가 될 수 없다고 판단한 사람들이 있었지만, 어차피 본인 프로젝트가 아니다 보니 굳이 나서서 반대 의견을 낼 이유가 없다며 침묵하고 있었다.

이때 오지랖 넓은 한 임원이 의사결정 라인에 있는 고위 임원을 찾아가 그 사업이 성공하기 어려운 이유를 설명하고 보다 시급한 다른 부문에 예산을 지원하라고 설득했다. 고위 임원은 "잘 이해하겠다. 그래도 어쩌겠나. 사장이 워낙 펫에 관심이 많으니까 죽이 되든 밥이 되든 해봐야지"라고 답변했다. 그로부터 정확히 2년 후 수십억 원이 투입된 그 사업은 폐지됐다. 예견된 수순이었지만 그 사업에 힘을 실어준 당시 사장이나 담당 팀장을 포함한 누구도 책임을 지지 않았다. 회사의 손실이 n분의 1로 구성원들에게 전가됐을 뿐이다. 중요한 의사결정이 보스의 기호와 입맛에 따라 이루어지고 반대 의견을 짓누르는 조직의 문화는 그만큼 위험하다.

나는 사무실에 회색 재킷을 걸어놓고 회의 시간마다 그 재킷으로 갈아입고 참석하곤 했다. 압도적 다수가 남성인 회의, 모두가 검은색이나 회색, 감색의 어두운 양복을 입고 참석하는 회의에서 눈에 띄고 싶지 않았기 때문이다. 안 그래도 극소수에 해당하는 여성인데 옷차림으로까지 그들과 경계 지어지고 싶지 않았다.

그런데 많은 직장인이 정신적으로도 회색 재킷을 걸치고 회의에 참석한다. 튀지 않고 무난한 생각이다. 토드 로즈는 "어떤 장소에서 혼자만 어색하고 동떨어진 사람으로 보이는 대신, 사회적 환경에 맞춰 우리의 겉모습과 행동을 조율하는 것이 얼마나 중요한 일인지 잘 이해하고 있기 때문이다. (…) 이런 식으로 우리는 만족감과 안정감을 긁어모은다. 소속 집단과 심리적, 정서적 일체감을 느끼고 싶은 우리의 깊은 욕망으로부터 비롯하는 현상이다"라고 지적했다.[16]

직장인들은 튀지 않기 위해 조직의 정책 방향에 침묵하고 수동적으로 따라가는 입장이라고 생각한다. 하지만 실제로는 자신이 동의하지 않는 결정을 열렬히 지지하고 강화하는 역할을 한다. 침묵과 암묵적 동의는 역설적으로 조직의 정책에 힘을 보태는 행위이기 때문이다.

심각한 권력 불균형과 불공정은 사람들을 침묵으로 이끈다. 자신보다 더 큰 힘을 가진 이들을 향해 반대의 목소리를 내기 어렵게 만든다. 권력자에게 진실을 말하기 위해 대단한 용기가 필요한 조직에서 침묵은 대다수가 택하는 선택지이다. 그저 입을 다물고 있는 게 제일 안전하게 느껴진다.

이처럼 개인에겐 안전한 침묵이 조직에는 치명적인 독이 된다. 예를 들어 직원들이 상사에게 조직의 문제, 중대 결함, 사고 가능성에 대해 말하는 것을 꺼리면 어떤 일이 벌어질까. 경영방침에 대해 다른 목소리를 냈을 때 골치 아픈 반골 취급을 받는다면 어떤 결과가 나타날까.

한 가지 사안에 대해 360도의 시야각을 가지고 다방면으로 바라보며, 다른 사람의 생각에 끊임없이 "왜why"라는 질문을 던져야 조직은 발전한다. 그래야 편향의 함정에서도 벗어날 수 있다.

집단 침묵이 만연하면 조직은 벼랑 끝을 향해 달려가는 거대한 기차가 될 것이다. 벼랑 끝으로 가는 걸 알면서도 아무도 제지하지 않고 한 치의 선로 이탈도 없이 꼬리에 꼬리를 물고 달려가는 기차, 그것이 미세공격이 만연한 조직의 미래가 아닐까.

직장은 일만 하는 곳이 아니다

코로나 19 기간인 2020년에 미국 경찰의 과잉진압으로 비무장 상태의 흑인 남성 조지 플로이드George Floyd가 사망하자 미국 전역에서 인종차별에 항의하는 시위가 벌어졌다. '흑인 생명은 소중하다BLACK LIVES MATTER'라는 팻말을 든 수천 명의 시민이 거리에 나와 "숨을 쉴 수 없다"라고 외쳤다.

당시 많은 미국 기업은 조지 플로이드 사건으로 심각한 스트레스를 겪고 사회에 대한 분노로 가득 찬 직원들의 마음을 회사 차원에서 보호해야 한다고 판단하여 적극적으로 사회에 메시지를 내놓았다. 그동안 "그냥 해버려Just do it"를 외치던 나이키는 당시 이례적으로 "하지 마Don't do it"라는 캠페인을 벌였다. 검은색 바탕에 흰색 글씨로만 적은 이 메시지는 "이번만은 하지 말라. 마치 미국에 문제가 없는 척하지 말라. 인종차별로부터 등 돌리지 말라"라는 의미를 전달했다.

하지만 기업들은 사회적 메시지와 별개로 인종차별에 분노하고 절망한 직원들의 마음을 어루만지며 공감하는 것이 더 중요하다고 보았다. 많은 조직의 리더는 다수가 참여하는 미팅에서 아무런 언급을 하지 않는 것은 당시 사회 문제에 무관심하거나 동조하는 것으로 비칠 수 있다고 보고, 모두가 느끼는 솔직한 심정과 사회적 분노에 대해 허심탄회하게 이야기하는 방식으로 대화의 물꼬를 텄다고 한다. 리더가 열린 마음으로 직원들의 이야기에 귀를 기울이겠다는 자세를 보이는 것만으로도 조직에 강력한 메시지를 전달한다.

직장 내부가 아닌 사회적 요인으로 인한 구성원의 스트레스도 회사가 함께 고민하고 대응하지 않으면 미세공격이 되는 시대이다. 직장이 오로지 일만 하는 곳을 넘어 조직 바깥의 문제로 상처 입은 구성원들의 마음까지 신경 쓰고 배려하는 공간이 되어야 하는 것이 시대적 요구이다. 기성세대가 부정적 감정을 억누르는 것에 길들여져 왔다면 젊은 세대는 감정을 솔직하게 표현하기 때문에 순식간에 집단 스트레스로 번질 수 있다는 점을 간과해선 안 된다.

기성세대는 회복탄력성의 화신이기도 하다. 울면 안 되고, 괴로워도 슬퍼도 견디고 버텨 마침내 일어서는 것이 당연한 세대이다. 참고 묵묵히 일하다 어느 순간 극복해내고 또다시 고난을 겪고 일어서는 과정을 반복해온 사람들이다. 그것 이외에는 달리 선택지가 없었고, 누구나 그렇게 사는 걸로 생각했다. 기성세대가 동경하는 가치는 근성과 강인함, 목표의식과 꺾이지 않는 투지 등이다.

하지만 이전 세대의 '이 악물고 버티기' 전술은 더 이상 통하지 않는다. 기성세대는 좌절한 후에 다시 일어나 시작하는 힘이 있었는

미세공격 주의보

데, 그건 다시 일어나는 게 가능한 시대였기 때문이다.

SBS의 인기 드라마 〈낭만닥터 김사부〉에서 노년의 의사는 젊은 의사에게 이렇게 말한다. "솔직히 난 너희 세대를 정말 이해 못 하겠어. 뜨악할 정도로 할 소리, 못 할 소리 다 해대는 녀석들이 책임질 때는 왜 이리 쉽게 무너지는 건지. 멘털은 약해 빠져 가지고 뭐가 그렇게 까다롭고 요구 사항들은 많은지. 노력도 안 하면서 성과는 바라고 열심히도 안 하면서 뭐만 좀 시키면 힘들다고 아우성이고. 그래 가지고 대체 뭘 제대로 할 수 있을지." 여기에 젊은 의사는 대답한다. "생각하는 게 달라졌고 무엇보다 살아가는 세상이 다릅니다. 가능성의 시대가 아니라 버텨내야 하는 시대를 살고 있으니까요, 지금의 청춘들은."**17**

4부

Microaggression
Watch

미세공격을
대하는 자세

견딜 만한

출근길을 위하여

어떤 조직은 다양한 얼굴은 원하지만 다양한 마음은 진정으로 원치 않는다.

그런 조직은 위험하다.

겉으로 보이는 다양성이 확보되더라도

그 안에서 각양각색의 세계관이 드러나지 않거나

그러지 못하게 만드는 경직된 풍토가 있다면 아무런 의미가 없다.

13장 ### 미세공격을

인지하기

습관을 허물고 습관을 만들라

미세공격은 속성상 피해자가 조심한다고 해서 피할 수 있는 것이 아니다. 미세공격을 당하면 목소리를 내라든가, 바로잡기 위해 용기를 내라는 식의 어쭙잖은 충고는 별 의미가 없다. 문제를 지적하거나 항의했을 때 득보다 실이 훨씬 많다는 걸 모두가 안다. 조직에서 예민하고 피곤한 사람이나 왕따가 되지 않으려면 봐도 못 본 척, 들어도 못 들은 척 조용히 넘어갈 수밖에 없다.

따라서 미세공격은 가해자가 멈춰야 한다. 피해자에게 "그렇게 불편한 걸 왜 진작 말하지 않았어?"라고 탓하기 전에 스스로 문제를 알아차려야 한다. 안타까운 것은 대부분의 가해자가 문제 자체를 인식하지 못한다는 점이다.

편견을 알아차리기 힘든 것은 그것이 습관적이고 몸에 배어 있기 때문이다. 자신이 어떠한 잘못된 습관을 가졌는지 알지 못한 채 죽어라 열심히만 하는 사람도 많다. 우리가 목표를 향해 달려간다고 생각해보자. 한걸음에 0.1도만 틀어져서 달린다고 해도, 마지막 순간에는 한참 빗나가 있을 것이다.

잘못된 습관을 알아차리고 고치기 위해서는 의식적인 훈련이 필요하다. 우선 편견을 알아차리기 위해서는 구성원들이 출근해서 어떤 경험을 하는지 잘 살펴봐야 한다. 상사나 동료와의 상호작용에서 언제, 무엇 때문에 표정이 어두워지는지, 어느 지점에서 나쁜 경험을 하는지 찾아내야 한다. 찾을 능력이 안 된다면 구성원들에게 일주일, 한 달 동안 조직에서 발생한 미세공격을 리스트업해 공유하는 시간을 갖자고 제안해볼 수도 있다.

알아차림 후에는 교정을 위한 연습이 필요하다. 골프를 연습하는 두 가지 유형이 있다. 한 명은 정해진 시간 동안 더 많은 공을 쉴 틈 없이 열심히, 반복적으로 때린다. 하나라도 더 치는 게 본전을 뽑는 것이고 연습을 했다는 뿌듯함을 주는 지름길이라 생각하기 때문이다. 다른 한 명은 느리더라도 동작 하나하나에 집중해 샷을 한다. 당장은 능률이 안 오르는 것 같더라도 매번 자세를 바로잡으며 연습하고 코치의 피드백을 지속적으로 받는다. 첫 번째 골퍼는 무조건 많이 치는 데 몰두하다 보니 잘못된 습관을 더욱 굳히는 결과를 가져올 수 있다. 두 번째 골퍼는 연습하는 공의 절대량은 적지만 의식적인 훈련을 하면서 잘못된 자세나 습관을 점차 바꿔나갈 수 있다.

우리 안의 편향 사고는 두 번째 골퍼처럼 바로잡아야 한다. 편향은 타고난 것이 아니라 우리가 습득한 것이다. 그리고 그것이 습득된 것이라면 고칠 수 있는 것이기도 하다. 습관은 깨질 수 있다. 편견을 바로잡는 힘을 기르는 올바른 연습과 꾸준한 생각 훈련이 필요하다.

바둑 기사가 대국 후 복기하듯, 운동선수가 경기 영상을 보며 문제를 분석하듯 우리도 습관을 되짚어보고 바꾸려고 노력해야 한다.

무의식적 편견 교육과 차별 감수성

무의식적 편견과 의도치 않은 미세공격을 알아차리기 위해서는 우선 어떤 행동과 말이 편견의 산물이며 차별에 해당하는지를 학습할 필요가 있다. 워낙 오랜 기간 무의식 속에 자동반사처럼 뿌리박혀 있었기 때문에 교육을 통해 '아하'라고 깨닫는 순간을 반복적으로 갖는 것이 도움이 된다. 매일 하는 생각과 행동이 실상은 많은 왜곡을 담고 있다는 점을 콕 집어 알려주는 교육이 반드시 필요하다.

글로벌 기업들이 도입한 무의식적 편견 교육unconscious bias training은 사람들이 인식하지 못하는 편견과 습관으로 인해 발생하는 문제를 알려줌으로써 언행에 주의를 기울이게 하는 데 목적을 두고 있다. 어린아이부터 성인까지 지속적인 교육을 통해 차별과 다양성에 대한 감수성을 높인다.

몇 년 전 미국 필라델피아의 스타벅스 매장에서 두 명의 흑인 남성이 음료를 주문하지 않고 앉아 있다가 체포되는 사건이 발생했다. 이 사건은 인종차별 논란을 불러일으켰고 전국적인 항의 시위로 이어졌다. 스타벅스 최고경영자는 공개적으로 사과했고 미국 내 8,000여 개 직영점을 하루 동안 닫은 채 직원들에게 무의식적 편견 교육을 실시했다.[1]

편견을 눈치채기 위해서는 자신에게 주어진 특권을 발견해야 한다. 특권은 어마어마하거나 대단한 게 아니다. 내게는 당연하고 아무 문제가 없는 제도나 관행, 또는 물리적인 시설이 다른 누군가에게 불편함이 된다면 그게 바로 특권이다.

MBC의 예능 프로그램 〈전지적 참견 시점〉에서 유튜버 박위는 휠체어 탑승이 가능한 저상 버스를 이용하는 모습을 보여주었다. 그는 "'왜 장애인 콜택시를 타지 않느냐'라는 질문을 많이 받았다"라며, "장애인 콜택시는 시간이 엄청 오래 걸린다. 장애인 인구수 대비해 콜택시 수는 굉장히 한정적이며 심하게는 세 시간도 기다려봤다"라고 이야기했다.

일반 버스나 콜택시를 타면서 자신이 특권을 누리고 있다고 생각하는 사람은 거의 없을 것이다. 하지만 일반 버스에는 휠체어 리프트가 마련되어 있지 않기 때문에 휠체어를 타는 사람은 이용할 수가 없다. 다른 사람은 할 수 없는데 나는 하는 것이 바로 특권이다. 여기서는 일반 버스나 콜택시를 이용할 수 있는 것이 특권이 된다.

미세공격과 편견적 행동을 금지하는 정책을 명확히 제정하고 직원들이 안전하게 차별이나 미세공격 사례를 신고할 수 있도록 익명성을 보장하는 시스템을 구축하는 것도 검토할 만하다. 처벌하는 게 목적이라기보다 어떤 말과 행동이 누군가에게 상처와 모욕이 되는지를 알려주기 위한 사례의 축적 및 교육을 위한 시스템을 갖춘다면 신고자에게도 부담이 덜할 것이다.

나 자신은 정말 편견 없이 사는가? 이런 성찰은 모든 사람에게 필요하다. 스스로 돌아보지 않는다면 사회나 조직이 구축해놓은 기존 질서를 맹목적으로 좇으며 미세공격이 지속되는 데 힘을 보태게 된다. 스스로 체크리스트를 만들어 하루를 마칠 때마다 다른 사람의 관점을 얼마나 존중하고 배려했는지를 돌아본다면 그만큼 편견에 대한 감수성이 높아질 것이다.

안전지대를 벗어나기

아무리 생각해도 자신의 편견이나 미세공격을 알아차리기 어렵다면 자신이 배제되거나 소외되었던 경험을 찾아보는 것도 방법이다. 자신은 차별하지 않는다고 생각하는 사람도 언젠가 차별받은 경험이 있을 것이다. 어린 시절 무리에 끼고 싶었지만 어울리기 어려웠던 경험도 좋고 다리를 다쳐 생활의 불편함을 뼈저리게 느꼈던 일도 좋다. 남들과 다른 나만의 사소한 점 때문에 구별 지어지거나 고독감을 느낀 적은 없는지, 나의 성격이나 외모, 사투리가 핸디캡으로 작용한 적은 없는지, 타인이 정해놓은 표준의 잣대 때문에 힘들었던 적은 없는지 생각해보면 좋을 것이다.

소외되거나 미묘하게 차별받은 부분이 전혀 없는 사람이라면 '안전지대comfort zone'를 벗어나 다른 문화권을 체험하거나 익숙하지 않은 환경이나 사람들 속에 들어가보는 것도 도움이 될 것이다.[2] 남성이 자신을 제외한 모든 멤버가 여성인 커뮤니티 및 회의실에 들어가거나 리더부터 막내까지 모두가 Z세대인 조직에 X세대 한 명이 동료로서 합류하는 상황을 만들어볼 수도 있다.

외국에 체류한다면 은근한 차별은 심심치 않게 겪게 된다. 한 미국 거주자는 "가게에서 바닐라 아이스크림을 달라고 했더니 직원이 얼굴을 찌푸리며 나의 바닐라 발음을 못 알아듣겠다는 듯 '왓what?'을 반복해서 모멸감을 느꼈다"라고 했다.

자신의 행동이 미세공격이라는 피드백을 받으면 그것을 진지하게 받아들여야 한다. 지적을 받으면 일단 외면하거나 변명하기 십상이지만 이것부터 멈추도록 하자. 피드백에 고마워하고 관심과 공감, 자기 성찰의 태도를 보여줄 필요가 있다. 특히 피해자가 직접 행동을 지적했다면 그가 말하기 전에 얼마나 많이 망설였을지 생각해보자. 그에게 감사해야 한다. 그나마 나를 조금은 믿을 만하게 생각하니까 지적도 해준 것이기 때문이다. 따라서 이를 망신 주기로 생각하기보다는 깨닫고 개선할 좋은 기회로 받아들일 필요가 있다.

미세공격을 목격했다면 방관하거나 묵인하기보다 문제 행동이나 발언을 가해자에게 일깨워주는 역할을 해야 한다. 당사자가 직접 목소리를 내기는 힘들다. 제3의 목격자 입장에서 부드럽고 덜 불편하게 무의식적 언행이 문제가 될 수 있음을 짚어주고, 가해자가 자연스럽게 피해자의 관점을 이해하도록 도움을 주는 방법은 얼마든지 있다.

미세공격에서 미세확인으로

미세공격과 반대되는 긍정적인 상호작용을 미세확인micro validations이라고 한다. 상대방을 칭찬하거나 인정하고 믿음을 보여주는 소소하지만 긍정적인 행동들이다.[3]

비주류나 소수 집단의 구성원은 배제되고 소외되는 한편으로 주류 구성원에 비해 인정이나 칭찬을 덜 받는다. 내성적이고 낯을 많이 가리는 아이가 누구에게나 잘 웃어주고 수더분한 아이보다 칭찬을 덜 받듯 직장에서도 비주류나 표준에 들지 않는 소수자에게는 관심도 칭찬도 인색한 편이다. 업무 성과를 크게 기대하지 않고 잘 해내더라도 간과하는 경향도 있다. 그러다 보니 점점 자신감을 잃고 관계 형성에도 소극적으로 임하게 된다.

이와 같은 문제를 해소하기 위해서는 미세공격을 줄이는 데만 관심을 두어서는 안 된다. 긍정의 힘을 발휘해야 한다. 동의나 지지를 비롯해 성취와 강점에 대한 피드백, 진심 어린 칭찬이 모두 여기에 해당한다. 반대 의견을 내놓는 사람에게도 모든 사람의 관점이 소중하고 존중받는다는 신호를 주는 것이 중요하다.

진심을 담은 인정이 직원들의 업무 참여도를 몇 배나 높인다는 연구 결과는 어렵지 않게 찾을 수 있다. 베이비붐 세대나 X세대가 인정이나 칭찬을 받으면 좋은, 속에 숨겨둔 욕구 정도로 여겼다면 MZ세대는 인정욕구가 훨씬 강하다.

다양성 토크에 참여한 직원들 대부분은 조직에 대한 몰입도가 억만금을 준다고 해서 생기진 않으며 직원들 스스로 가치 있다고 느끼고, 공로를 인정받으며, 의미 있는 일을 하고 있다고 생각할 만한 환경이 조성돼야 한다고 말했다. 8년 차 직원은 "상사가 구두로 자주 칭찬해주는 게 가장 힘이 된다"라며 "거창하지 않아도 소소하고 진심이 담긴 인정이 가장 중요한 에너지의 원천"이라고 말했다.

보다 많은 기업이 구성원과의 관계에 있어서 인정과 칭찬이라는 가치를 중심에 두고 이를 위해 투자도 해야 하며, 관리자급에게는 정기적으로 긍정적인 피드백 방법 등을 교육할 필요도 있다. 인정의 결핍을 겪어온 미세공격의 피해자들이 바라는 것은 진정성 있게 알아봐주는 것과 환영받는 경험이기 때문이다.

미세확인은 소외된 타인에게 관심을 가지고 그들을 위해 에너지를 사용하려는 노력이라는 점에서 자신의 생각과 태도, 혹은 습관을 바꾸는 방법이기도 하다. 반드시 대단한 노력이나 큰돈이 들어가는 일일 필요가 없다. 대화에서 소외된 동료를 논의 안으로 이끌고 고개를 끄덕이거나 미소 짓는 작은 행동부터 시작하면 된다.

14장 **익숙한 본능에서**

벗어나기

호감편향의 덫

많은 사람이 자신의 신념을 뒷받침하는 정보만 선택적으로 수용하고 그렇지 않은 정보는 무시하거나 외면하는 경향이 있다. 좋아하는 정치인이나 연예인에 대해 안 좋은 루머가 돌면 "설마, 그럴리가"라고 생각하지만, 반대의 경우 "그럴 줄 알았어"라고 기정사실화해버린다. 기업 광고를 보고 호감을 느껴 객관적인 데이터나 시장분석을 무시한 채 섣불리 구매하거나 투자 결정을 내리기도 한다.

게다가 주변에 자신의 복제품처럼 똑같은 성향과 취향, 비슷한 생각을 가진 사람들만 있다면 보고 싶은 것만 보고, 듣고 싶은 것만 듣는 확증편향이 더욱 심해질 것이다. 스스로의 판단에 도취되어 착각과 오류는 고착화되고 변화하는 환경에 적응하기도 쉽지 않을 것이다.

안타깝게도 한국의 많은 기업에서 관리자는 호감과 취향을 기준으로, 또는 자신의 소신을 강화하는 방향으로 인재를 선발하고 곁에 두는 경향이 있다. 비슷한 생각을 하는 사람 100명이 모여 일하면 한 명이 하는 의사결정과 별반 다르지 않은 결과를 가져올 것이다. 리스크 회피형 리더가 똑같은 성향의 사람들에 둘러싸여 일한다면 새로운 일에 대한 도전이나 위험을 감수한 투자 결정은 절대로 할 수 없을 것이다.

한쪽으로 쏠리는 조직을 바로잡으려면 리더가 선택의 습관을 바꿔야 한다. 채용과 승진 결정에서 한결같이 자신과 비슷한 '판박이 인물'을 찾고 생각과 가치관이 유사한 사람을 높게 평가하는 경향에서 탈피해야 한다. 다양한 인재를 채용하기 위한 제도를 갖춰놓은 것으로 모든 게 해결됐다고 뿌듯해할 것이 아니라 제도를 운용하는 리더의 습관적 편견, 이로 인한 과정의 왜곡에 더 신경을 써야 한다.

호감 편향의 덫에 빠지지 않으려면 리더들은 다양한 관점과 의견에 의도적으로 귀 기울일 필요가 있다. 지금 가지고 있는 인맥이 아니라 그 바깥에서 사람을 찾고 익숙한 상황을 낯선 시선으로 바라봐야 한다. 조직이 처한 문제를 새로운 시선으로 바라보고 의외의 돌파구를 찾아내야 한다.

조직이 비슷한 색깔의 사람들로 구성돼 있다면 당장 일부러 리더의 습관적 선호와 거리가 있는 인물을 영입해 의견의 치우침을 막아야 한다. 그래야 그들의 믿음과 반대되는 정보를 수용하고 각양각색의 관점도 담아내 더 나은 의사결정으로 나아갈 수 있을 것이다.

인종, 성별, 나이, 성격의 다양성

미국 기업에서 종종 활용하는 캘리퍼 프로파일caliper profile은 개인의 성격, 동기, 강점 및 약점, 잠재력을 분석하여 그들이 어떤 직무에 적합한지를 과학적으로 진단하는 평가도구이다. 캘리퍼라는 명칭은 물리적인 두께나 간격을 측정하는 도구인 캘리퍼스calipers에서 유래한 것으로 사람의 특성과 역량을 정확하게 재고 평가하겠다는 취지로 개발됐다. 채용이나 승진, 팀 구성 등 다양한 인사 결정을 내릴 때 많이 활용된다.[4]

캘리퍼 프로파일은 개인의 성격을 배려, 공격성, 자기주장, 신중함, 공감 능력 등 22개의 개별 특성personality traits으로 분류해 진단한다. 이런 특성들을 통해 조직 내에서 어떤 역할을 맡는 게 좋을지, 특정 직무에 적합한지 등을 매트릭스나 사분면과 같은 다양한 형태로 보여준다.

나의 지인이자 미국 회사에서 인사 담당 이사로 일하는 미키 볼드윈은 2022년 말 사내 전략마케팅팀에 대한 캘리퍼 프로파일 평가를 의뢰받고 팀원 20명에 대한 분석을 진행했다. 그 결과는 충격적이게도 팀원의 95퍼센트인 19명이 모두 챔피언Champions 스타일로 평가됐고, 단 한 명만 실행가Implementers로 분류되었다. 챔피언은 큰 틀의 비전을 제시하여 팀을 결집하며 변화를 주도하는 반면 실행가는 관리력, 실행력을 바탕으로 꾸준하고 꼼꼼하게, 체계적으로 일하는 스타일이다. 실행가는 항상 화려한 성과를 보여주지는 않지만, 이들이 없으면 모든 것이 무너진다.

세부 특성으로도 거의 모든 팀원이 즉흥적이고 결단력이 있는 것으로 평가됐다. 유사한 특성을 지닌 사람들로만 편향적으로 구성된 팀이라는 분석이다. 리더와 관리자가 인력을 충원할 때마다 자신들과 비슷한 성향의 후보자에게 무의식적으로 호감을 가지면서 팀 전체가 한쪽 방향으로 치우친 것이다. 볼드윈이 이끄는 인사팀은 캘리퍼 프로파일 결과를 토대로 전략마케팅팀에 채용시 편견의 체크리스트를 활용하고 그들과 다른 성향의 사람을 우선 채용하라고 권고했다.

다양한 특성 중 극히 일부만을 가지고 있는 조직은 변화에 대처하기 어렵다. 예를 들어 자기주장은 강한 반면 개방성과 유연성이 약한 그룹이라면 기존에 도전하지 않았던 과제를 수행하는 데 어려움을 겪을 것이다. 구성원 대부분이 신중하고 의심이 많다면 조직이 새로운 아이디어를 수용하거나 혁신을 추구하는 데 장애물이 될 수 있다. 따라서 이런 조직은 창의적이고 모험을 즐기는 성향의 인재를 추가로 채용하는 전략을 고려해야 할 것이다.

이처럼 인종, 성별, 나이 등을 넘어서 구성원의 성향과 성격에도 다양성이 필요하다. 조직 내에 누구도 갖지 않은 특성과 가치가 있다면 그것은 일종의 사각지대이자 조직의 약점이 될 것이다.

캘리퍼 프로파일이 평가하는 개별 특성들[5]

추상적 추론 능력 Abstract Reasoning Ability | 복잡한 문제를 이해하고 개념 간의 논리적 관계를 이해하는 능력

배려Accommodation | 타인의 관점을 받아들이고 다른 사람을 돕고자 하는 동기

공격성Aggressiveness | 강하게 밀어붙이는 성향

자기주장Assertiveness | 자신의 의견과 감정을 명확히 표현하는 정도

신중함Cautiousness | 행동하기 전에 깊이 생각하고 결과를 고려하는 성향

자아 추구 Ego-Drive | 목표를 향해 스스로에게 동기를 부여하고 추진하는 능력

자아 강도 Ego-Strength | 거절이나 비판, 좌절에 크게 개의치 않는 성향

공감 능력 Empathy | 타인의 감정과 경험을 이해하고 공유할 수 있는 능력

에너지Energy | 활동적이고 열정적으로 일을 수행하는 능력

외부 구조 수용성 External Structure | 외부의 규칙과 구조화된 환경을 받아들이는 능력

유연성Flexibility | 변화하는 상황에 쉽게 적응하고 대처하는 능력

사교성Gregariousness | 타인과 쉽게 어울리고 관계를 맺는 성향

아이디어 지향성 Idea Orientation | 창의적이고 독창적인 해결책을 개발하려는 동기

평정심Level-Headedness | 일상적으로 차분함과 안정적인 상태를 유지하는 능력

개방성Openness | 새로운 경험과 아이디어에 열린 태도를 가지는 성향

위험 감수 Risk-Taking | 불확실한 상황에서도 기회를 포착하고 도전하는 성향

자기 구조화 Self-Structure | 자신의 목표와 행동을 체계적으로 결정하고 관리하는 능력

회의주의Skepticism | 정보나 주장을 비판적으로 평가하고 검증하려는 성향

사회성Sociability | 타인과 원만한 관계를 유지하고 함께 일하는 것을 즐기는 성향

스트레스 내성 Stress Tolerance | 높은 압박감이나 스트레스 상황에서도 효과적으로 기능할 수 있는 능력

철저함Thoroughness | 세부 사항에 주의를 기울이고 완벽을 추구하는 성향

긴급성Urgency | 빠르게 행동하고 결정을 내리는 성향

캘리퍼 프로파일 결과지(요약, 예시)

1. 개인 프로파일

- 평가 대상: X
- 직책: 최고경영자 후보
- 직무 적합도: 75/99 (99는 점수의 최대값)

이 점수는 60~79 범위에 속하며, 다음을 의미한다.

"개인의 결과가 해당 역할과 잘 일치하며 성공 가능성이 높음. 개발이 필요한 영역에서 지원을 받으면 더욱 효과적일 것임."

- 주요 역량 평가

역량	백분위 점수	해석
리더십	85	매우 강한 일치
의사결정	72	강한 일치
전략적 사고	68	강한 일치
의사소통	55	중간 정도 일치
변화 관리	45	중간 정도 일치

- 성격 특성 점수

특성	백분위 점수
자기주장	82
스트레스 내성	76
에너지	70
위험 감수	65
공감	58
추상적 추론	80

- 역량 분석

강점	개발 영역
■ 리더십과 의사결정 능력이 매우 뛰어남 ■ 높은 수준의 자기주장과 스트레스 내성	■ 의사소통 스킬 향상 필요 ■ 변화 관리 능력 개선 가능

2. 팀 프로파일

- 팀 규모: 20명
- 전체 팀 적합도 점수 : 73/99

이 점수는 다음을 의미한다.

"전체 팀이 적합도에서 강한 일치를 보임."

- 팀 역량 분포

역량	상위 25퍼센트	중간 50퍼센트	하위 25퍼센트
리더십	5명	12명	3명
의사결정	6명	10명	4명
문제 해결	4명	13명	3명
의사소통	3명	14명	3명
팀워크	7명	11명	2명

- 주요 팀 특성

특성	평균 점수
적극성	68
스트레스 내성	72
창의성	61
유연성	59
자기 규율	75

- 팀 역량 분석

강점	개선 영역
높은 수준의 자기 규율과 스트레스 내성을 보유	의사소통 및 유연성 향상 필요

- 팀 다양성 지수

75/100

이 점수는 다음을 의미한다.

"다양한 특성과 역량을 보유한 균형 잡힌 팀임."

- 권장 사항

1. 의사소통 스킬 향상을 위한 팀 워크숍 실시

2. 중간 잠재력 그룹에 대한 리더십 개발 프로그램 도입

3. 팀 내 멘토링 시스템 구축으로 지식 및 경험 공유 촉진

4. 창의성 증진을 위한 브레인스토밍 세션 정기 개최

5. 유연성 향상을 위한 부서 간 협업, 기술 다양화 추진

해당 결과지는 AI 검색엔진을 통해 만든 것으로, 참조용으로만 활용하고 정식 의뢰는 캘리퍼 공식 홈페이지를 참고하길 바란다.

완장부서를 견제하라

  기업 내에서 권력을 갖고 있는 부서에 대해서는 확실한 견제 시스템이 갖춰져야 한다. 그들이 권력을 지렛대 삼아 조직에 갑을 관계를 형성하고 편 가르기를 하지 못하도록 장치를 마련할 필요가 있다. 모든 문제의 싹이 여기에서 시작되는 경우가 많기 때문이다. 단지 이들의 입맛에 맞지 않는다는 이유로 비주류가 되고 정보와 예산 지원, 인사 혜택에서 소외되거나 사사건건 발목이 잡히는 일은 없어야 한다.

  기업의 최고경영자 입장에서는 소위 '완장부서'를 곁에 두면 편하다. 모든 계열사나 자회사, 부서를 혼자 관리하기는 힘들기 때문에 완장부서가 손과 발이 되어 조직 관리, 예산 배분, 의사결정, 정보 수집 등을 총괄해주기를 원한다. 완장부서는 최고경영자를 대신해 다른 조직을 관리하고 잔소리하며 자연스럽게 권력의 정점에 선다.

  조직에 아무리 불만이 쌓여도 최고경영자는 심각성을 잘 인지하지 못하는데, 리포팅부서가 바로 이들 권력부서이기 때문이다. 문제부서가 유일한 소통 통로라면 경영진은 조직에서 무슨 일이 일어나는지 알 길이 없다. 이를 막으려면 제2, 제3의 인물이나 부서가 망설임 없이, 수시로 최고경영자에게 문제점을 보고할 수 있고, 이렇게 해도 불이익을 당하지 않을 것이라는 확신을 주어야 한다. 아무리 멍석을 깔아줘도 쉽게 나서는 사람은 거의 없을 것이다. 심리적 안전감이 없기 때문이다. 그래서 더더욱 최고경영자가 소통의 창구를 열어두기 위해 노력해야 한다.

최고경영자는 익숙하고 편안한 완장부서에 거리를 두고 이들 부서를 견제, 감시하고 균형추 역할을 할 팀이나 인물을 정해 책임을 맡겨야 한다. 최고경영자가 견제부서에 얼마나 힘을 실어주느냐, 어떤 인물에 견제자 역할을 맡기느냐에 따라 결과는 크게 달라질 것이다.

그러나 견제가 생각처럼 잘 안 될 가능성도 꽤 있다. 권력부서 근처에는 끊임없이 아부하고 잘 보이려는 세력들이 있고 견제를 해야 할 부서가 오히려 야합할 가능성도 충분히 있다. 따라서 견제자가 제대로 목소리를 낼 수 있도록 세심하게 권한을 부여하고 인센티브를 설계해야 한다.

많은 기업의 최고경영자는 완장부서에 대한 정서가 좋지 않다는 걸 충분히 인지하면서도 이것을 권력부서 탓이라기보다는 백성(일반 직원)들 문제로 치부한다. 곁에서 늘 완장부서 얘기만 들으니 사고와 판단이 오염되는 것이다. 어떤 경영자는 문제를 알면서도 "그게 뭐 어떻다는 거야?"라며 완장부서의 독주를 묵인하기도 한다. 이렇게 해서는 조직이 제대로 돌아가기 힘들다. 최대한 객관적이고 엄중한 시각으로 문제를 바라보고 개선점을 찾기 위해 치열하게 고민해야 한다.

멘토, 신뢰할 수 있는 단 한 사람

미세공격에 대한 자료를 찾아 요약해보면 대처방법으로 언급되는 내용은 주로 다음과 같다.

실제로 미세공격이 발생한 건지, 가해자의 의도가 악의적인지가 애매할 수 있으므로 주의 깊게 살펴볼 것. 가해자에게 그들의 행동이 불쾌감을 주었다는 점을 차분하게 설명하고 상황이 위협적이거나 불안하다고 느껴지면 즉시 그 자리를 떠날 것. 필요하다면 동료나 상사 혹은 관련 부서에 도움을 요청할 것. 미세공격 사건의 날짜와 시간, 장소 및 관련된 사람과 상황 등을 상세히 기록할 것. 비슷한 경험을 한 동료들과 연대하여 서로 지지하고 조언을 나누거나 필요하다면 전문가 상담을 통해 정서적 지원을 받을 것.

모두 맞는 얘기이지만 어느 하나도 쉽지 않다. 직장을 계속 다녀야 하는 입장에서 미세공격이 일어나는 순간마다 문제를 제기한다면 그 사람은 조직에서 환영받지 못하는 기피 인물이 될 것이 분명하기 때문이다. 동료나 상사에게 도움을 요청한들 그들이 나의 편이 되어주리라는 보장이 없다. 그래서 아무 일도 없었던 것처럼 애써 불쾌한 감정을 회피하고 쿨한 척하는 경우가 대부분이다. 따라서 미세공격을 피해자 개인 차원에서 슬기롭게 대응하고 극복하기란 쉽지 않다.

나는 차라리 자신의 경험을 신뢰하는 사람과 이야기하고 이를 통해 감정을 처리하며 대처 방안을 의논하는 것이 도움이 될 것이라고 본다. 한마디로 믿을 수 있는 멘토 한 명이 무엇보다도 큰 약이 된다고 생각한다. 자신의 시각이나 감정의 굴레 속에 갇혀 있는 데서 벗어나 익숙한 사고의 틀을 깨줄 누군가와 이야기를 나누는 것이다. 멘토가 반드시 나이 많은 윗사람일 필요는 없으며 친구나 가족, 때론 후배여도 상관없다. 서로 간에 믿음이 있고 성장을 지원해줄 수 있는 관계라면 누구든 괜찮다.

회사 안이든 밖이든 주기적으로 만나 뭐든지 털어놓고 의논할 수 있는 멘토가 있는 것은 매우 중요한 일이다. 본인이 겪은 일이 조직 생활에서 어떤 의미가 있으며 어떻게 대처하면 좋을지, 그리고 상황에 대한 대처가 장기적으로 자신의 성장에 어떤 영향을 미칠지 등을 수시로 논의할 수 있다면 큰 힘이 된다. 나 역시 직장 생활 내내 멘토들이 '대나무 숲(혼자 속으로만 담아둔 이야기를 털어놓는 곳)'이자 가장 큰 버팀목이 되어주었다. 어떻게 행동해야 할지 모를 때, 분하고 억울한 생각이 들 때마다 멘토들의 조언과 공감이 상상 외로 큰 힘이 되는 것을 여러 번 경험했다. 멘토와의 대화가 미세공격 자체를 해결해주지는 못할지라도 남몰래 대나무숲에 가서 "임금님 귀는 당나귀 귀"라고 외친 뒤에야 병이 나은 이발사처럼, 적어도 피해자의 정신적, 감정적 피폐함을 덜어줄 수는 있다.

이밖에도 조직에 광범위하게 퍼진 편향의 사실을 동료들에게 '넛지(옆구리를 슬쩍 찌르듯 부드러운 개입으로 더 좋은 선택을 유도하는 방법)'하는 방법도 생각해볼 만하다.

요즘은 회사마다 다양한 소통 프로그램을 운영하고 있다. 톱다운 방식에서 벗어나 팀의 소통 행사를 신입부터 대리급의 젊은 직원에게 맡기는 경우가 많고, 직급과 상관없이 추첨을 통해 팀원들에게 짤막한 강의나 발표를 하도록 하는 곳도 많다. 그런 자리를 활용해서 MZ세대 또는 아웃사이더의 시각으로 서로의 다름과 갈수록 개별화되는 사고방식, 가치관 등에 대해 가볍게 전달하는 것부터 시작해도 좋다.

15장 다양성을

훈련하기

숨겨진 초능력, DEI

도널드 트럼프가 제47대 미국 대통령으로 취임한 후 상당한 도전에 직면했지만, DEI는 그간 글로벌 기업 사이에 지속가능경영의 필수 조건으로 강조되어 왔다. 다양성Diversity, 형평성Equity, 포용성Inclusion을 뜻하는 DEI는 각기 다른 배경과 특성을 지닌 개개인이 모두 존중받고 공정한 기회를 얻을 수 있는 조직 환경과 문화를 말한다.

DEI는 1960년대 미국의 민권운동과 여성운동에서 시작되었고 1990년대에 경영혁신 기법으로 부상했으며 2000년대 이후 기업과 조직 경쟁력의 핵심 요소로 인식되어 왔다. 특히 2020년 조지 플로

이드 사건을 계기로 기업의 DEI 정책이 더욱 강화됐으며《포춘》이 선정한 세계 500대 기업의 80퍼센트가 이를 주요 가치로 내걸었다. 최근 트럼프 대통령이 자신의 이념과 맞지 않는다며 DEI 정책 폐기에 나서면서 많은 기업이 축소 및 포기 움직임을 보이고 있으나 내부적으로는 여전히 DEI의 중요성을 인식하고 접근 방식을 '포용'이나 '소속감' 등으로 조정하고 있다. 다른 이름으로 대체될 순 있겠지만, 다양성의 존중을 정치적 셈법에 따라 폐기하고 말고 할 수 있는 것은 아니다. 개별 이슈나 방법론에 이견이 있을 수는 있지만 갈수록 다양화되는 사회에서 이를 존중하는 것은 선택의 문제가 아니기 때문이다. 공동체 문화 기반의 한국은 글로벌 기업들에 비해 아직 DEI 실천의 초기 단계이지만, 몇 년 전부터 중요한 경영의 키워드로 주목받고 있다.

다양성을 중시하는 기업들은 재무적으로도 높은 성과를 내고 있다. 맥킨지는 이사회의 성별 다양성이 높은 상위 25퍼센트 기업들이 재무적으로 27퍼센트 더 높은 성과를 내는 것으로 보았다.[6] 세계 최대규모 자산운용사인 블랙록BlackRock에 따르면 2014년에서 2022년까지 조직 내 다양성이 우수한 기업은 그렇지 못한 기업보다 연평균 자산 수익률이 2퍼센트 높았다.[7]

보스턴컨설팅그룹BCG은 5만 명의 직원과 1,500명의 관리직을 가진 가상의 기업을 예로 들어 이 회사가 다른 산업에서 30명의 관리자를 고용하거나(전체 관리팀의 2퍼센트) 38명의 여성 관리자를 고용하면(2.5퍼센트) 혁신 수익이 1퍼센트 증가할 것이라고 분석했다. 또한 23명의 외국인 관리자를 고용해도(1.5퍼센트) 동일한 결과를 얻을 수 있다고 보았다.[8] BCG는 DEI를 '숨겨진 초능력hidden superpower'이라고 규정하며 조직 안에서 포용성을 제대로 구현하면 직원 이탈 위험을 절반 가까이 줄일 수 있다고 분석했다. 이는 다양한 목소리와 의견을 포용하는 것이 얼마나 중요한지를 보여준다.

과거 조직의 구성원이 획일적이고 일사불란했다면 미래의 인력은 성향, 취향, 행동 패턴 등 모든 면에서 지금보다 훨씬 더 다양할 것이다. 앞으로 리더에게는 포용적인 태도가 극단적으로 중요하다. 이는 옳은 일일 뿐 아니라 영리한 전략이다. 다양성과 포용성을 위한 노력은 마라톤과 같아서 회사는 꾸준하고 끈기 있게 나아가야 한다.

다양성도 학습할 수 있을까

미국에서 다양성 훈련은 지속 확대돼 2024년 140억 달러 규모의 산업으로 성장했다.[9] 포춘 500대 기업의 대부분이 다양성 훈련을 도입했다. 다양성 훈련의 목표는 편견과 고정관념을 해소하고 포용적인 환경을 조성하며 다양한 배경을 가진 사람들이 조직 내에서 더 긍정적인 상호작용을 경험하게 하는 데 있다.

많은 글로벌 기업은 매년 다양성 리포트diversity report를 발간해 여성과 흑인 등 소수 인력의 비중을 공개하고 DEI 프로그램을 적극

발굴해 운영하고 있다. 스웨덴 가구회사인 이케아IKEA는 10년 이상 전사적인 성평등 달성을 위해 체계적으로 노력해온 결과 현재 모든 조직에서 50 대 50의 성비와 임금 형평성을 달성했다고 한다.[10]

고객관계관리CRM 플랫폼 회사인 세일즈포스Salesforce는 2020년에 직원들의 피드백을 바탕으로 웜라인warmline이라는 DEI 프로그램을 시작했다. 소외 집단의 소속감을 높이는 것에 목표를 두고 코치와의 일대일 대화, 소속감을 가로막는 장벽 해소, 새로운 제도나 정책 등을 위한 인사이트 발굴을 추진했다. 그 결과 프로그램에 참여한 직원들은 그렇지 않은 직원에 비해 33퍼센트 더 높은 업무 달성률을 보였다고 한다. 웜라인 프로그램은 개인 수준의 DEI 지원을 통해 조직 전체의 변화를 이끌어내는 효과적인 방법을 보여준 사례이다.[11]

소수자와 비주류를 위한 커뮤니티인 직원 리소스 그룹Employee resource group, ERG을 만들어 지원하는 회사도 많다. 구글Google은 젊은 신입 사원 중심의 누글러Noogler·New Googler, 흑인 중심의 BGNBlack Googler Network, 여성 모임인 Women@Google 등 10여 개의 ERG를 운영하고 있다. BGN은 전문성 개발을 지원하고 멘토링 프로그램을 운영할 뿐 아니라 흑인 커뮤니티에 영향을 미치는 주제에 대해 토론을 진행하고 사회운동에도 참여하고 있다.

마이크로소프트는 9개의 ERG를 25년 이상 운영해왔으며 여성과 소수자 그룹을 위한 장학금 프로그램도 제공하고 있다. 2024년 보고서에 따르면 직원 중 81.2퍼센트가 회사에 다양성과 포용성을 존중하는 문화가 조성되어 있다고 평가했다.

우리나라는 아직까지 미국에 비해 DEI에 쏟는 열정이 부족하지만 몇몇 기업들은 리더의 확고한 철학 아래 진심을 다해 다양성을 추구하고 있다. SC제일은행은 2006년부터 'D&I(다양성과 포용성) 위원회'를 운영하며 젊은 인재 육성 및 직장 내 세대차 축소, 성별 균형 추구, 장애인에 대한 포용 등 세 개 축으로 평등, 존중, 포용의 가치가 핵심 문화로 자리 잡도록 애쓰고 있다. 2024년 7월 말 기준으로 여성 관리자 34퍼센트, 여성 임원 27퍼센트를 기록하며 시중 은행을 선도하고 있다. 네이버는 장애인 고용률이 민간기업 의무고용률의 네 배에 달하며 자회사형 장애인 표준사업장 '네이버핸즈'를 통해 장애인이 수행할 수 있는 직무를 지속적으로 개발하고 있다.[12] KB금융지주도 2027년까지 채용, 성별, 역량의 다양성을 달성하기 위한 구체적인 로드맵을 만들고, 매년 전 직원의 몰입도를 평가해 실질적인 변화를 추적하며 개선점을 발굴하고 있다.

앞으로 인구 구조의 변화로 한 기업에서 여러 세대가 섞여서 일할 수밖에 없고 고령화로 지금까지는 대기업에 거의 없었던 60대 근로자도 생겨날 것이다. 저출생으로 인해 여성이 더 많이 직업을 가질 것이고, 워킹맘이 출산과 육아를 하며 일할 수 있도록 지원하는 것이 더 큰 숙제가 될 것이다. 경력직과 외국인의 고용도 늘어날 수밖에 없고 개인의 성향도 더 복잡해지고 세분화될 것이다.

우리 기업들도 더 늦기 전에 다양성에 대한 문제를 깊이 인식하고 누구도 편견에 상처받거나 배제되지 않도록 체계적인 훈련을 도입해야 한다. 세대나 성별, 배경이 혼재된 팀에서 서로 배우고 협력하면서 중년 및 고령의 직원은 수십 년간의 노하우와 경험을, 젊은 직원은 새로운 관점을 펼치도록 환경을 조성해야 한다. 각종 네트워크에서 배제돼 도움과 지원, 정보가 부족한 사람들을 어떻게 지원할 것인지도 고민해야 한다. 개별화되고 다양화된 시대적 흐름은 기업 경쟁력의 기준도 바꿔놓고 있기 때문이다.

에스컬레이터를 설치하라

DEI가 의미 있는 진척을 보이기 위해서는 채용뿐 아니라 사내에서 다양한 인재를 양성하여 조직의 구석구석에 분포도를 높이기 위한 시스템의 구축에도 신경을 써야 한다. 임신과 출산 등으로 커리어에 잠시 브레이크가 걸린 여성, 사회성이 부족해 늘 조용한 직원, 끌어주고 당겨주는 인맥 하나 없는 비주류 학교 출신 직원들도 관리직, 경영진의 사다리에 오를 수 있다는 확신을 주어야 한다.

다양성을 촉진하는 효과적인 방법은 특정 집단이 독점하고 있는 직무에 다양한 구성원이 참여할 수 있도록 직원들에게 역량을 개발할 기회를 주는 것이다. 글로벌 인재시장 전문가들은 이를 '다양한 인재의 성장을 위한 에스컬레이터'라고 명명했다.[13] 사내에서 누가 승진하는지 관찰해서, 승진과 직무 이동에 필요한 교육을 제공하는 일에 많은 투자를 해야 한다는 것이다. 신규 채용의 다양성에만 집중하고 정작 그 이후의 커리어에서 다양성을 고려하지 않으면 유리천장 밑으로 들어오라는 거나 마찬가지이기 때문이다.

이를 위해서는 인재개발에 대한 새로운 접근법이 필요하다. 어학시험이나 자격증 취득을 장려하거나 판에 박힌 리더십 교육을 하기보다는 인재 분포의 타깃과 로드맵에 기반한 직무 교육이 이루어질 필요가 있다.

EPIExecutive Parity Index는 조직 내에서 특정 그룹이 고위 경영진 직책에서 차지하는 비율을 평가하는 지표이다. 예를 들어, 회사 내에 여성 직원의 비율이 전체 직원의 20퍼센트이지만 임원진의 5퍼센트만을 차지한다면 EPI는 낮게 나온다. 기업이 고위직에서 다양성을 얼마나 잘 구현하고 있는지를 평가하는 이 도구를 활용해 기업은 특정 그룹이 고위직으로 승진하는 데 있어서 구조적, 문화적 장벽이 없는지 살펴보고 리더십 파이프라인의 문제점을 개선할 수 있다.

많은 글로벌 기업은 고위직의 다양성을 위해 구체적인 목표를 제시하고 있다. 미국의 식품 대기업 크래프트하인즈Kraft Heinz는 2025년까지 전 세계 지부에서 관리직의 50퍼센트를 여성으로 하여 성별 균형을 달성하는 목표를 설정했고, 영국의 고급 자동차 제조사인 재규어랜드로버Jaguar Land Rover는 2026년까지 전 세계적으로 고위직의 최소 30퍼센트를 여성이, 영국 내 고위직의 최소 15퍼센트를 흑인, 아시아인, 소수민족이 차지하도록 하는 목표를 정했다.[14,15] 조직의 평균을 넘어 상층부에 다양성이라는 목표를 설정하고 '내부 에스컬레이터'가 제대로 작동하고 있는지 측정 가능한 지표를 마련하는 것은 기업의 책임과 의지를 보여준다. 사다리가 됐든 에스컬레이터가 됐든 누구든지 노력하면 배제되거나 차별받지 않고 올라탈 수 있다는 믿음을 주어야 한다.

인구통계학적 다양성에서 인지적 다양성으로

많은 기업이 외적으로 드러나는 특성, 즉 성별·연령·인종·국적·종교와 같은 인구통계학적 다양성을 DEI의 목표로 삼고 있다. 단순히 할당량을 채워 포용적으로 보이는 외관을 갖추는 데 신경을 쓴 결과이다. 그러나 많은 전문가가 관찰 가능한 다양성보다 중요하다고 강조하는 것이 인지적 다양성cognitive diversity이다.

인지적 다양성은 조직 내에서 구성원들이 가진 다양한 사고방식, 문제 해결 접근법과 업무 스타일의 차이 등을 의미한다. 서로 다른 환경과 교육, 문화적 배경, 경험 등에서 비롯된 다양한 관점과 신념이며 개인의 성격, 가치관, 선호도에 따른 차이를 말한다.

인지적 다양성이 확보되면 복잡한 문제에 대해 다각적으로 접근하고 새로운 아이디어와 창의적 해결책을 낼 수 있다. 또한 복합적이고 입체적인 분석과 토론을 통해 균형 잡힌 결정을 내리고 변화하는 환경에 더 유연하게 대응할 수 있다.

이를 위해 기업들은 한 부서의 역량을 파악한 후 다른 부서에서 이질적 경험을 가진 사람들을 보충하거나, 아예 영역이 다른 비즈니스의 인재와 협업하는 것도 추진할 만하다.

글로벌 기업들은 인지적 다양성이 팀과 회사의 성과에 중요한 영향을 미친다고 판단하여 서로 다른 관점을 섞고 융합하는 시도를 끊임없이 하고 있다. IBM은 연구 개발 프로젝트를 위해 의도적으로 다양한 배경, 기술, 사고방식을 지닌 구성원들로 팀을 만들어 2년 동안 특허 출원이 20퍼센트 증가하는 혁신 성과를 달성했다고 한다.[16] 마이크로소프트Microsoft는 공감지도The Empathy Map라는 도구를 활용하여 팀원들이 프로젝트 내에서 자신의 고유한 관점과 경험을 공유하도록 장려하고, 프록터앤드갬블Procter&Gamble, P&G은 '사고의 다양성' 프로그램을 통해 직원들이 역할과 관계없이 아이디어를 제안하도록 한 결과 스위퍼와 같은 혁신적인 청소용품을 개발하는 데 성공했다. 나이키는 박물관 디렉터, 레스토랑 운영자, 게임 디자이너 등 다양한 배경을 가진 사람들의 의견을 수렴하여 나이키타운(혁신적 체험형 매장)의 미래를 구상했다.

어떤 조직은 다양한 얼굴은 원하지만 다양한 마음은 진정으로 원치 않는다. 다양성에 대한 고위 경영진의 지지가 표면적이거나 형식적이라면 진정한 변화를 이끌어내기 어렵다. 또한 많은 기업이 여전히 비슷한 배경과 관점을 가진 관리자들로 인해 그룹싱크groupthink에 빠져 있고, DEI 정책이 실제 비즈니스 부서와 제대로 통합되지 않으면서 무늬만 포용적인 곳도 적지 않다. 그런 조직은 위험하다. 겉으로 보이는 다양성이 확보되더라도 그 안에서 각양각색의 세계관이 드러나지 않거나 그러지 못하게 만드는 경직된 풍토가 있다면 아무런 의미가 없다.

15년 차 여성 과장은 "우리는 깜짝 선물을 받고 싶은 게 아니라 진정으로 영향력을 발휘하고 싶다"라고 했다. 직장인들이 원하는 것은 보여주기식 이벤트나 승진 쇼가 아니다. 단순히 환대받는 느낌을 넘어서 영향력을 갖기를 원하는 것이다. 인지적 다양성이 뿌리내리게 하려면 결정권을 어떻게 배분하고 조직이 누구에게 힘을 실어주는가가 중요하다.

16장 모두가

주전인 사회를

위하여

주전과 비주전의 경계 허물기

축구 대표팀에는 주전과 비주전이 있다. 주전 선수는 "나는 주전이니까"라며 매너리즘에 빠지기 십상이고 비주전 선수는 벤치에 앉아 소외감을 느낀다. 이러한 현상이 지속되면 대표팀 전체가 하나로 묶이지 못하면서 팀워크가 망가지기 쉽다. 이때 비주전이 포기하지 않도록 동기를 부여하고 긴장감을 유지하는 것이 대표팀의 성패를 가르는 주요한 요인이 된다.

2002년 FIFA 월드컵을 앞두고 거스 히딩크Guus Hiddink 감독은 컨페더레이션컵, 유럽 체코 원정경기 등에서 상대 팀에 5 대 0으로 줄줄이 패하면서도 소수 정예로 팀을 꾸리는 대신 60여 명의 선수를 계속해서 시험하며 끝까지 긴장의 끈을 놓지 않게 했다. 월드컵이 임박할 때까지 선수들에게 주전과 비주전의 딱지를 붙이지 않고 계속 시험한 결과 모두에게 문이 열려 있다는 느낌을 주었고 다들 긴장하며 최고의 기량을 유지할 수 있었다. 누구도 탈락할 수 있고, 누구도 기회를 얻을 수 있다는 믿음을 주었기 때문이다.

이렇듯 리더는 조직에서 누구 하나 소외감을 느끼거나 지레 포기하지 않도록 주전과 비주전의 경계를 없애고 공정하고 투명하게 조직을 운영해야 한다. 그것이 구성원들의 재능을 낭비하지 않고 끝까지 최선을 다하게 만드는 기술이다. 비주류, 비주전의 딱지를 붙이지 않고 자신이 주류이고 핵심이 될 수 있다는 비전을 끊임없이 심어주어야 한다.

직장인들이 원하는 것은 모두가 주전이 되어 일을 주도적으로 할 수 있고 책임 못지않게 권한도 갖고 있다고 느끼는 것이다. 회사의 주요 프로젝트를 앞두고 부서장이 불러서 "당신이 사원·대리급을 대표해서 참여하니 소신껏 의견을 내라. 믿고 맡기겠다"라고 한다면 직원은 책임감과 긍지를 가질 것이다. "내가 어떻게 하느냐에 따라 결과물이 달라지겠네. 잘 해봐야지."

전 축구선수 이영표는 "히딩크 감독을 위해 뛰다가 죽어야겠다"라는 마음까지 들었다고 했다. 월드컵 직전 부상을 당하자 전담 코치를 붙여주며 회복을 돕고 끝까지 기다려서 기회를 준 히딩크 감독에 대한 믿음과 충성심이 선수에게 목숨까지 바칠 각오를 하게 한 것이다.

임파워먼트empowerment는 단순히 윗사람이 가진 권한을 조금 떼어내 나눠주는 것이 아니라 구성원들에게 실제로 결정에 대한 권한과 책임을 주어 주도성과 자긍심을 가지고 일할 수 있도록 하는 것이다.

비주류인 사람이 스스로 진정으로 가치가 있고 회사 내에서 존중받는다고 느끼려면 소극적인 포용만으로는 부족하다. 팀의 안건을 주도하고, 영향력을 가지며, 요구 사항이 받아들여지고, 성과를 인정받고, 앞으로도 중심 역할을 계속 수행할 수 있다고 느껴야 한다. 자신이 주전이라고 느끼는 것이 중요하다. 주전도 나태하면 비주전이 되고 비주전도 노력하면 주전이 되는 경계 없는 직장이 필요하다.

변화의 초석, 리더의 진정성

조직 내 미세공격을 없애려면 무엇보다 리더의 역할이 중요하다. 리더의 지속적인 관심과 집요할 정도의 개선 노력이 가장 중요한 동력이 된다.

미세공격으로 산성화된 조직에서는 갈등과 불신, 냉소가 쌓인다. 구성원들은 조직에 실망해서 방어적인 태도를 취하고 조직은 점점 더 분절화된다. 조직의 가장 큰 적은 신뢰의 상실이다. 상사에 대한 믿음이 있다면 아무리 잔소리를 들어도 괜찮지만, 전혀 신뢰하지 않는 상사의 한마디는 오해와 반감을 불러일으킨다.

조직이 공정하다는 신뢰가 흔들린다면 리더가 나서야 한다. 신뢰의 회복은 진정성 있는 리더십에서 시작된다. 구성원들은 강요나 통제에 금세 피로를 느끼고 리더의 진심과 헌신에 비로소 마음을 연다. 어떤 조직이든 최고경영자의 뜻에 절대적인 영향을 받는다. 임원, 간부뿐 아니라 말단 사원까지 최고경영자가 무엇에 진심인지를 살피고 그 방향을 자연스럽게 따라가게 된다. 최고경영자가 미세공격을 조직의 치명적 질병으로 인식하고, 차별과 편견을 없애려고 꾸준히 진정으로 노력한다면 조직도 서서히 그 방향으로 나아갈 수밖에 없다. 리더가 진정으로 마음을 열어야 구성원들도 두려움 없이 진실을 이야기하고 더 나은 방안을 모색할 수 있다.

글로벌 기업의 리더들은 진정성 있는 소통을 하기 위한 방법으로 타운홀 미팅town hall meeting을 활용하고 있다. 최고경영자나 경영진이 직접 회사의 현황과 비전을 공유하고 직원들과 양방향 소통을 하는 플랫폼이다. 정기적으로 타운홀 미팅을 개최하는 조직은 직원 몰입도가 20퍼센트 증가했으며, 분기별로 최소 1회 타운홀 미팅을 실시하는 기업의 이직률은 30퍼센트 낮은 것으로 나타났다.[17]

구글은 20년 동안 매주 목요일에 'TGIF Thank God It's Friday' 미팅을 개최하여 회사 소식을 공유하고 우수 직원을 치하하며 누구나 최고경영자나 임원에게 질문할 수 있는 기회를 제공했다. 최근 정보 유출 문제로 월간 미팅으로 변경되었지만 여전히 타운홀 형식을 유지하며 직원들과의 소통을 중요시하고 있다. 아메리칸익스프레스American Express도 타운홀 미팅을 통해 직원들의 우려 사항을 직접 다루고 피드백을 수집하는데, 참여 직원들은 78퍼센트가 스스로를 더 가치 있게 느꼈다고 한다.

형식이 무엇이 됐든 단순한 정보 전달을 넘어서 직원들의 참여를 높이고 쌍방향의 열린 소통을 가능하게 하는 노력은 중요하다. 솔직하고 투명한 소통, 쇼가 아니라 진정성 있는 리더의 행동은 조직 신뢰의 뿌리이자 변화의 초석이 된다.

공정하다는 착각에서 벗어나기

리더는 채용과 승진, 고과평가 및 연봉 책정이 공정한 룰에 의해 이루어진다고 믿는다. 능력주의에 입각해 절차적, 분배적 공정성이 지켜진다고 생각한다. 여기에는 편견으로 인한 출발선의 차이와 기회의 불균형이 간과되어 있다. 관리자가 특정 직원을 이미 유능하다고 판단했다면 그의 성과를 과대평가하고 실적 부진을 상황 탓으로 합리화하기 쉽다. 반대로 특정 직원에 편견을 가지고 있다면 실적이 우수해도 우연이나 누군가의 도움으로 인한 결과라며 낮게 평가할 수 있다. 하나의 장점이 후광 효과로 작용하여 전체 역량을 대표하는 것으로 인식되고 부족한 부분은 간과되기도 한다.

리더는 먼저 조직이 공정하다는 착각에서 벗어나 어떤 의사결정에도 편견이 개입될 수 있음을 인정해야 한다. 조직 내에 미세공격이 존재하지 않는다는 현실 부정을 끝내고 생산성이나 불량률을 관리하듯 차별 유발 행동들을 매일, 일상적으로 관리해야 한다. 임직원의 행동과 회사의 규범, 기업의 루틴 속에 다양성을 포용하려는 인식이 녹아들어 있지 않으면 회사가 DEI 정책을 아무리 내놓아도 소용이 없다.

데이터에 기반한 의사결정은 공정을 향한 기본 베이스이다. 관리자의 선호에만 기대는 대신 모든 구성원에게 인사의 원칙과 기준을 투명하게 소통하고 승진 경로를 분명하게 밝히며 일관성을 지킴으로써 최대한 객관성을 확보해야 한다. 그래야만 주류와 비주류가 섞이고 비주류에게도 공정한 기회가 주어질 수 있다. 보상 결정 과정, 보상 격차 등에 대한 투명성도 매우 중요하다.

조직의 공정성을 측정하는 평가지표를 활용해 구성원들이 조직에 대해 어떤 생각을 갖는지 주기적으로 측정할 필요도 있다. 가장 널리 사용되는 것은 콜퀏Colquitt의 조직 공정성 척도Organizational Justice Scale로 분배 공정성, 절차 공정성, 대인 공정성, 정보 공정성 등 네 가지 차원에 대해 총 20개의 문항으로 구성되어 있다. 조직 구성원들이 인식하는 공정성을 종합적으로 측정할 수 있는 도구이다.

이러한 측정 도구가 현실을 100퍼센트 보여주진 못하더라도 주기적으로 변화하는 모습을 관찰하여 어디에서 경계경보가 울리고 있는지 파악하는 것은 조직에 던지는 메시지가 크다.

하버드대학교 교수 마이클 샌델Michael Sandel은《공정하다는 착각》에서 능력주의가 개인의 성공과 실패를 전적으로 개인의 노력과 재능의 결과로 간주하여 성공한 사람들에게 오만함을, 실패한 사람들에게 자책감을 안겨준다고 지적했다. 그러면서 모두가 출발선과 기회의 차이를 간과해서는 안 된다고 강조했다.[18] 출신 학교와 같은 요소들이 능력의 척도로 여겨지면서 사회적 불평등을 심화하는데, 개인의 성공이 순전히 자신의 노력만으로 이루어진 것인 양 행동하면 조직적 연대는 약화되고 갈등만 지속된다는 것이다.

껄끄럽고 불편한 진실을 마주하면 달라지는 것

구글은 2007년부터 매년 전 직원을 대상으로 구글가이스트Googlegeist라는 설문조사를 실시해왔다. 직원들의 의견을 수렴하여 회사의 전략 방향과 사업 결정에 반영하기 위한 것으로 약 100개의 문항으로 구성되어 있다. 익명성이 보장되며 조사 결과는 한 달 이내에 전 직원에게 공개된다. 답하는 데 30분 이상 걸리는데도 매년 평균 90퍼센트의 직원이 참여했다고 한다.

설문 내용은 보상과 혜택, 경영진 및 관리, 업무 수행 및 비전, 다양성과 포용성, 직원 참여 및 만족도 등을 광범위하게 아우르는데, 구체적으로는 "나는 다른 사람들과 다르더라도 직장에서 편안하게 나 자신일 수 있다" "구글은 모든 유형(성별, 민족, 문화적 배경)의 직원이 자신의 능력을 최대한 발휘할 수 있는 곳이다" "내 관리자는 나의 관점을 소중히 여긴다" "나의 팀은 다양한 관점이 가치 있게 여겨지는 분위기를 가지고 있다" "승진 결정은 공정하고 객관적으로 이루어진다" "내가 받는 보상은 내 업무 성과와 공정하게 연관되어 있다" "내 업무와 삶의 균형에 만족한다" 등이 포함된다.

구글은 설문조사 결과를 면밀히 분석하여 파악된 문제점 중 가장 시급하거나 중요한 30~50퍼센트의 항목을 선별해 구체적인 개선 계획을 수립하고 실행한다. 이런 접근 방식은 구글이 직원들의 의견을 진지하게 받아들이고 조직 운영에 반영하겠다는 뜻을 담고 있다.

실제로 구글은 직원들의 불만을 분석해 GRAD라는 새로운 성과 평가 제도를 도입했는데 1년에 2회 실시하던 평가를 1회로 축소하고 동료 평가의 비중을 줄였다. 동료 평가는 평가의 객관성을 높이기 위한 것이었지만 동료의 업무적 성과보다는 사회성에 대해 평가할 가능성이 있고 과도한 경쟁이나 사내 카르텔이 형성되는 문제도 있었다. 특히 3~8명의 동료에게 평가와 피드백을 받는 과정에 상당한 시간이 소요돼 비효율적으로 꼽힌 것이다.

이밖에도 구글가이스트 피드백을 바탕으로 보너스의 일부를 기본급으로 전환하고 샌프란시스코에서 실리콘밸리로의 긴 출퇴근 시간에 대한 직원들의 불만을 반영해 일부 원격 근무로 전환하기도 했다.

2023년부터는 더 빠른 변화에 대응하기 위해 조사 주기를 주 단위로 바꾸어 매주 화요일 두 개의 질문을 던지고 12월에는 전체 결과에 대한 종합 보고서를 제공하고 있다.

조사를 통해 껄끄럽고 불편한 진실이 드러나지만, 경영진은 조직의 변화나 개선점을 발견하여 직원들이 더 나은 근무환경에서 성장하도록 지원할 수 있다. 진지하게 받아들이고 투명하게 피드백하는 선순환의 구조이다.

구글가이스트 설문 결과 86퍼센트의 직원들이 구글에서 일하는 것을 자랑스럽게 여긴다고 응답했다. 이는 구글의 직원 유지율이 95퍼센트로 업계 평균 74퍼센트보다 훨씬 높은 것에 크게 기여한 측면이 있다.[19]

조직 내에서 주기적으로 진행되는 짧고 간단한 설문조사를 펄스 서베이pulse survey라고 한다. 직원들의 의견, 감정, 만족도 등을 수시로 조사하여 신속하게 피드백을 받고 개선할 수 있는 도구이다. 이와 같이 수시로 소통할 수 있는 체계를 갖추고 모든 결과를 가감 없이 공유한다면 경영진이 조직의 문제를 보다 정확하게 직시하고 개선할 모멘텀을 갖게 될 것이다.

회사가 설문 결과를 바탕으로 실제 변화를 이끌어내는 것을 보며 직원들은 자신의 의견이 진지하게 받아들여지고 자신의 피드백이 회사의 의사결정에 즉각적인 영향을 미친다고 인식하개 된다.

《실리콘밸리의 MZ들》의 저자 킴 스콧은 기업들에 퇴사자 인터뷰를 권한다. 퇴사가 확정된 직원에게 조직 또는 리더의 문제점을 허심탄회하게 들어보고 다시 반복되지 않도록 하라는 것이다. 특히 비주류 직원이 그만둘 때는 왜 이 회사에서 일하고 싶지 않은지 면밀히 조사해 정량화하라고 조언한다. 면담자는 가능한 높은 직책의 리더여야 한다. 퇴사자는 종종 직속 팀장 때문에 떠나므로 팀장의 상사에게 말하고 싶은 생각이 간절할 수 있다는 것이다.[20]

회사가 진정성 있게 직원들의 마음을 들여다보고 끊임없이 개선해나가려고 한다면 구성원들은 회사를 신뢰하고 그 속에서 긍지와 보람을 느낄 것이다. 자신들이 소모품이나 부품이 아니라 인정받고 존중받는 느낌을 받을 것이다.

촘촘한 피드백 시스템을 통해 회사와 경영진이 불편한 진실을 마주하려고 노력하는 것, 그것이 출근하기 싫은 일터를 바꾸는 첫걸음이 될 것이다.

　　　　스스로에게

경계경보를

　　　사회생활 초년병 시절부터 '차갑다' '쌀쌀맞다' '표정이 없다' 와 같은 수식어를 달고 살았다. 원래 성격 탓일 수도 있지만, 얕잡아 보이지 않으려는 경계심에 갑옷과도 같은 건조한 표정과 말투로 무장했던 것 같다. 첫 직장인 언론사에서 만나야 했던 취재 대상이 모두 20~30세 많은, 주로 중년 남성이었다. 그들에게 애송이로 보이기 싫었고, 짓궂은 농담의 대상이 되기 싫어서 늘 웃음기 없는 서늘한 표정으로 경계를 치고 일했다. '나 함부로 건드리지 마'라고 이마에 써 붙인 듯 그렇게 직장 생활을 시작했다.

　　처음엔 동료들보다 어려서, 여성이라서 자동적으로 편견의 대상 이 되었다. 당시만 해도 1년에 한 번 뽑는 신입 사원 중 여성은 수년 연속 없거나, 있더라도 딱 한 명인 시절이었다.

직장을 옮기면서 본격적인 비주류의 길로 들어섰다. 고시 출신, 공채 출신 틈에 끼어보겠다고 사교적인 척, 씩씩한 척, 쿨한 척 온갖 척은 다 해봤다. 남성 중심의 단단한 연대 속에 동등한 파워를 가져보겠다고 더 독하고 강하게 밀어붙이기도 했다. 너무 부드러워도, 너무 강해도 부정적인 피드백에 부딪히는 구조에서 하루하루가 아슬아슬한 줄타기였던 때도 있었다.

대기업 임원 시절 점심시간에 남성 동료와 백반집에 간 적이 있다. 작은 가게였는데, 식당 안 모든 테이블의 손님들이 같이 간 동료에게 인사를 했다. 모두가 회사 직원이었던 것이다. 경력직 입사자인 나는 한 명도 모르겠는데, 한 직장에서 30년 가까이 일한 남성 동료는 모두와 친밀했다. 동료는 직원들에게 "밥값은 내가 낼 테니, 맛있게 먹어라"라고 외쳤다. 식당을 나오면서 나는 그 동료가 한없이 부러웠다. 회사를 옮긴 후론 사람들을 잘 모르는 것이 가장 큰 어려움이었기 때문이다. 그들에겐 당연한 것이 비주류에겐 할 수 없고, 가질 수 없고, 부러운 일이 된다.

30여 년 직장 생활에서 나는 태생적 비주류이자 관점과 사고방식, 행동 패턴도 조직의 표준과 많이 다른 마이너 성향이었다. 그래서 남들은 사소한 듯 지나치는 미세공격을 예민하게 캐치해내고 주변의 비주류 동료, 후배의 말 못 할 고민도 넘치게 들어왔다.

그토록 미세공격에 눈살을 찌푸려왔던 나도 어느 순간 의도치 않은 미세공격에 가담하고 있음을 깨닫게 되었다. 경력이 쌓이고 작은 특권들도 생겨나면서 나도 모르게 주류 흉내를 낸 것이다. 기성세대의 눈으로 후배들을 답답해하고 나 자신도 내향적인 주제에 조용하고 얌전한 직원을 걱정스럽게 바라보았다. 후배에게 상처가 되는 말을 별 뜻 없이 던지고, 회의 시간에 자기 의견을 쉽게 말하지 못하는 직원을 못마땅해했다. 여성이면서도 출산이나 육아휴직에 들어가는 후배를 보면서 업무 공백을 걱정하고, 아이 돌봄으로 잠시 성장의 속도를 늦춰야 했던 여성 직원들에게 잠시라도 뒤처지지 말 것을 은근히 압박하기도 했다. 책을 쓰기 전까지는 내가 그렇게 많은 미세공격에 동참했다는 사실을 미처 알지 못했다.

그런 의미에서 이 책은 조직 생활 내내 줄기차게 미세공격을 당해온 나에 대한 위로이자, 고의가 아니었다는 변명 뒤에 숨어 미세공격을 가해온 나 자신에 대한 반성의 뜻을 동시에 담고 있다.

물론 조직에는 의도성이 다분한 미세폭력을 뻔뻔하게 행사하는 사람도 적지 않지만, 대다수는 자신도 모르게, 저절로, 무의식적으로 미세공격자가 된다. 개인을 탓하거나 책임을 돌리자는 것이 아니라 자신의 습관과 고정관념에 스스로 경계경보를 울리고, 동료 선후배를 있는 그대로 인정하고 존중하는 생각 훈련을 시작하자는 것이다. 나아가 조직에 뿌리박힌 편견과 기울어진 권력 구조, 주류의 착각과 오만함을 마주하고 왜 직장인들이 회사에서 정을 떼는지, 왜 직장의 에너지가 줄줄 새는지 그 이유를 살펴보았으면 한다.

그동안 자신이 가진 특성과 조건이 직장에서 환영받지 못한다고 느꼈다면 그것은 절대 약점이 아니며 이를 존중하지 않고 깎아내리려 했던 사람이나 조직이 잘못되었음을 인식했으면 한다.

회사를 제대로 이끌고 싶은 리더라면 조직의 미세공격 농도를 꼭 체크해보기를 권한다. 비주류, 비주전의 일상적인 마음 상함과 사기 저하, 순응과 침묵 속에 망가지는 조직문화, 최소한만 일하려는 직원들의 정서를 읽어내는 것부터 시작해야 한다. 미세공격의 수치는 리더의 마음먹기에 따라 크게 낮아질 수 있다. 항상 리더의 의중에 맞춰 좌클릭, 우클릭하며 줄을 맞추는 관리자들이 이번엔 미세공격을 걷어내려는 리더의 진심에 일사불란하게 오와 열을 맞춰 서기를 바란다.

　미세공격은 조직의 문제일 뿐 아니라 사회의 문제이다. 이 책을 통해 그동안 미처 눈치채지 못했거나 알면서도 속으로만 꾹꾹 눌러두었던 이야기를 끄집어내서 함께 나눴으면 한다. 그 속에서 새로운 용기와 힘을 얻는 경험도 해보고 상습적인 미세공격자에게는 경종을 울리는 계기가 되기를 바란다.

　마지막으로 나의 질풍노도와 같은 직장 생활에 늘 지혜로운 조언과 따뜻한 격려로 큰 힘이 되어준 멘토께 감사의 말씀을 드린다.

주

프롤로그

1 토드 로즈 지음, 노정태 옮김,《집단 착각》, 21세기북스, 2023. 05. 03.

1 Mitri Sirin, "Merkel: 'Schlag in die Magengrube'", zdfheute, 2023. 02. 10.

2 강정운, "[기고] 지방 아니라 '지역'… 표현이라도 바꿔야 박탈감 줄일 수 있다",《조선일보》, 2024. 05. 10.

3 Vanessa Friedman, "Is This a Trillion-Dollar Look?", *The New York Times*, 2023. 06. 15.

4 Shalini Ramachandran, "Behind Davos, Claims of a Toxic Workplace", *The Wall Street Journal*, 2024. 06. 29.

5 Vivien Leung, "Recent attacks could push Asian Americans to get more politically active, research suggests", *The Washington Post*, 2021. 03. 08.

6 데럴드 윙 수·리사 베스 스패니어만 지음, 김보영 옮김,《미세공격》, 다봄교육, 2022. 12. 27.

7 나카지마 요시미치 지음, 이지수 옮김,《니체의 인간학》, 다산북스, 2016. 09. 01.

8   나카지마 요시미치 지음, 김희은 옮김, 《차별 감정의 철학》, 바다출판사, 2018. 01. 15.

9   편향을 백색소음으로 비유한 책은 다음과 같다. 제시카 노델 지음, 김병화 옮김, 《편향의 종말》, 웅진 지식하우스, 2022. 11. 25.

10 데럴드 윙 수·리사 베스 스패니어만 지음, 김보영 옮김, 《미세공격》, 다봄교육, 2022. 12. 27.

11 Ian Youngs, "Model sues over Cannes red carpet 'assault'", *BBC*, 2024. 05. 31.

12 Ella F. Washington · Hildana Haileyesus · Laura Morgan Roberts, "Lessons from Beyoncé on Navigating Exclusion", *Harvard Business Review*, 2024. 04. 22.

13 Ascend, *Nominal Growth of Asian Representation on Fortune 1000 Boards Revealed in Updated Report from Ascend and KPMG* 2022. https://www.ascendleadership.org/pressrelease/nominal-growth-of-asian-representation-on-fortune-1000-boards-revealed-in-updated-report-from-ascend-and-kpmg

14 Alissa Hsu Lynch, "Representation Matters: Busting the Bamboo Ceiling for Asian Americans", *Diversity Journal*, 2024. 02. 09.

15 Frieda-Marié de Jager, "109+ Must-Know Workplace Diversity Statistics [Q1 2024]", Select Software Reviews, 2024. 06. 28.

16 Clemmie Moodie, "Who cares what Deputy PM Angela Rayner wears-just let her do her job", *The Sun*, 2024. 07. 08.

17 Zoe Williams, "Angela Rayner's suit and Victoria Starmer's secret power: why do I suddenly smell sexism?", *The Guardian*, 2024.

18 엠브레인 트렌드모니터, 〈2024 외로움 관련 인식 조사〉, 2024. https://www.trendmonitor.co.kr/tmweb/trend/allTrend/detail.do?bIdx=2994&code=0404&trendType=CKOREA

2부

1 Tiffany Jana · Michael Baran, *Subtle Acts of Exclusion: How to Understand, Identify, and Stop Microaggressions*, Berrett-Koehler Publishers, 2020. 03. 10.

2 Karen Dillon · Rob Cross, "The microstress effect", Duke Corporate Education, 2023. 09.

3 김윤덕, "김우진 '金 영광은 이미 과거… 3관왕도 바닥부터 경쟁시키는 게 한국 양궁'", 《조선일보》, 2024. 08. 12.

4 표준국어대사전

5 Morra Arons-Mele, "Navigating Mental Health in a Multigenerational Workplace", *Harvard Business Review*, 2023. 10. 24.

6 Julie Coffman · Bianca Bax · Alex Noether · Brenen Blair, "The Fabric of Belonging: How to Weave an Inclusive Culture", Bain & Company, 2022. 01.

7 Colleen Ammerman · Boris Groysberg, "How to Close the Gender Gap", *Harvard Business Review*, 2021.

8 Dina Denham Smith, "How to Succeed When You're Not the Boss's Favorite", *Harvard Business Review*, 2024. 03. 07.

9 이규열, "한국 조직은 '구별'과 '참여' 사이 긴장감 초기업 이상 실현 위해 토론 활성화를", 《DBR》 376호, 2023. 08. 29.

10 Robin J. Ely · David A. Thomas, "Getting Serious About Diversity: Enough Already with the Business Case", *Harvard Business Review*, 2020. 11~12.

11 제시카 노델 지음, 김병화 옮김, 《편향의 종말》, 웅진지식하우스, 2022. 11. 25.

12 여성가족부, 〈2023년 국가성평등보고서〉, 2024. https://www.mogef.

go.kr/mp/pcd/mp_pcd_s001d.do?mid=plc500&bbtSn=704980

13 Elephant in the Valley, https://www.elephantinthevalley.com/

14 Colleen Ammerman · Boris Groysberg, "How to Close the Gender Gap", *Harvard Business Review*, 2021. 05~06.

15 Rachel Simmons · Adrienne Kortas, "It's Time to Redefine Our Gendered Idea of 'Ambition'", *Harvard Business Review*, 2024. 02. 08.

16 수전 케인 지음, 김우열 옮김,《콰이어트》, 알에이치코리아, 2021. 04. 09.

17 장대익 지음,《사회성이 고민입니다》, 휴머니스트, 2019. 08. 23.

18 Alyssa Place, "Gen Z employees are struggling to feel seen at work", *Employee Benefit News*, 2021. 07. 12.

19 Amy Diehl · Leanne M. Dzubinski · Amber L. Stephenson, "Women in Leadership Face Ageism at Every Age", *Harvard Business Review*, 2023. 06. 16.

20 Daniel S. Hamermesh · Jeff E. Biddle, "Beauty and the Labor Market", *American Economic Review*, vol. 84, 1994. 12.

21 해나 주얼 지음, 이지원 옮김,《꼰대들은 우리를 눈송이라고 부른다》, 뿌리와이파리, 2024. 02. 23.

22 조너선 하이트 지음, 이충호 옮김,《불안 세대》, 웅진지식하우스, 2024. 07. 31.

23 Steve Mollman, "Mark Cuban says Gen Z are the real 'greatest generation' and boomers are the most 'disappointing'", *Fortune*, 2022. 09. 18.

24 김현수 지음,《괴물 부모의 탄생》, 우리학교, 2023. 09. 25.

25 Jennifer Moss, "The Burnout Crisis", *Harvard Business Review*, 2021. 02. 10.

26 Asana, *Asana Anatomy of Work Index 2021: Work About Work Is Dominating in a Distributed World*, 2021. 01. 14. https://asana.com/ko/press/releases/pr/asana-anatomy-of-work-index-2021-work-

about-work-is-dominating-in-a-distributed-world/65e2389a-295d-42ba-bbf7-a25d74eec431

27 "직장인 70% '직장 생활로 번아웃 경험… 과도한 업무량 때문'",《동아일보》, 2024. 06. 12.

28 권연수, "직장인 90% 번아웃 증후군 경험, 업무 1~3년차 가장 심해… 극복하는 방법은?",《디지틀조선일보》, 2020. 06. 17.

29 앤 헬렌 피터슨 지음, 박다솜 옮김,《요즘 애들》, 알에이치코리아, 2021. 10. 25.

30 손지혜, "사람인, '직장인 76% 세대 차이 토로'",《전자신문》, 2024. 06. 04.

31 〈초등학교 학부모 교권침해 민원사례 2077건 모음집〉, 2023. 07. 24. https://www.gstandard.net/news/articleView.html?idxno=528

32 근로기준법

33 서유정, "직장 내 괴롭힘: 처벌조항이 문제를 해결해 줄 거란 착각",《노동법률》, 2024. 04. 03.

3부

1 Jane Thier, "'Resenteeism' is the latest trend plaguing workers, and it's even more dangerous than quiet quitting", *Fortune*, 2023. 02. 07.

2 Bryan Lufkin, "How microaggressions cause lasting pain", *BBC*, 2020. 06. 19.

3 김지혜 지음,《선량한 차별주의자》, 창비, 2019. 07. 17.

4 토드 로즈 지음, 노정태 옮김,《집단 착각》, 21세기북스, 2023. 05. 03.

5 마이클 프렌티스 지음, 이영래 옮김,《초기업》, 안타레스, 2023. 04. 14.

6 송길영 지음,《시대예보: 핵개인의 시대》, 교보문고, 2023. 09. 25.

7 Gallup, *State of the Global Workplace*, 2023, 2024.

8 잡코리아×알바몬 통계센터 press@, "직장인 83.5% '회사 우울증' 경험", 잡

코리아, 2018. 06. 12.

9　Aaron Zitner, "America Pulls Back From Values That Once Defined It, WSJ-NORC Poll Finds", *The Wall Street Journal*, 2023. 03. 27.

10　김부원, "잡코리아, 직장인 경력 년차별 '직장 내 추구 가치' 조사… 1위는 '급여'",《팍스경제TV》, 2024. 06. 25.

11　김동국, "사람인, 요즘 직장인 2명 중 1명, '승진, 인생에서 크게 중요한 문제 아냐'",《전남인터넷신문》, 2021. 01. 12.

12　Geraldine Grones, "Spotting employee burnout before it's too late", Human Resources Director, 2020. 02. 05.

13　Gallup, *State of the Global Workplace*, 2023.

14　조나단 말레식 지음, 송섬별 옮김,《번아웃의 종말》, 메디치미디어, 2023. 02. 13.

15　킴 스콧 지음, 석혜미 옮김,《실리콘밸리의 MZ들》, 청림출판, 2023. 02. 07.

16　토드 로즈 지음, 노정태 옮김,《집단 착각》, 21세기북스, 2023. 05. 03.

17　강은경·임혜민 극본, 유인식·강보승 연출,〈낭만닥터 김사부 3〉, 2023.

1　Bill Hutchinson·Matthew Stone, "Starbucks manager who made call resulting in black men's arrests no longer works for company", *ABC News*, 2018. 04. 17.

2　Tiffany Jana·Michael Baran, *Subtle Acts of Exclusion: How to Understand, Identify, and Stop Microaggressions*, Berrett-Koehler Publishers, 2020. 03. 10.

3　Laura Morgan Roberts·Megan Grayson·Brook Dennard Rosser, "An Antidote to Microaggressions? Microvalidations.", *Harvard Business Review*, 2023. 05. 15.

4   https://calipercorp.com/caliper-profile

5   Talogy, *Glossary of Caliper Traits*, https://support.talogy.com/hc/
    en-us/articles/9946234012947-Glossary-of-Caliper-Traits

6   Sundiatu Dixon-Fyle · Celia Huber · María del Mar Martínez
    Márquez · Sara Prince · Ashley Thomas, "Diversity matters even more:
    The case for holistic impact", McKinsey & Company, 2023. 12. 05.

7   BlackRock, *BlackRock Investment Stewardship*, 2024.

8   Rocío Lorenzo · Nicole Voigt · Miki Tsusaka · Matt Krentz · Katie
    Abouzahr, "How Diverse Leadership Teams Boost Innovation", BCG,
    2018. 01. 23.

9   Global Industry Analysts, Inc, Diversity and Inclusion (D&I) – Global
    Strategic Business Report, 2025. 02.

10 "These companies are successfully scaling up Diversity, Equity and
    Inclusion (DEI) initiatives across the globe", World Economic Forum,
    2024. 01. 08.

11 Lori Castillo Martinez, "Our 2023 Annual Equality Update: Where We
    Are and Where We're Going", Salesforce, 2023. 02. 28.

12 정라진, "[200대기업 ESG TOP30] 네이버, 'DEI' 높이고, '등급'도 올리고",
    《한스경제》, 2024. 04. 16.

13 Matt Sigelman · Johnny C. Taylor. Jr., "To Build a Diverse Company
    for the Long Term, Develop Junior Talent", *Harvard Business Review*,
    2021. 04. 12.

14 Heather Barbour Fenty, "25+ Examples of Diversity Goals to Measure
    (2024 Update)", Ongig, 2024. 06. 07.

15 "10 diversity targets for 2023 and beyond", Diversity in Tech.

16 Psico-smart Editorial Team, "The Impact of Cognitive Diversity on

Team Performance: A Deep Dive into Assessment Techniques",
Vorecol, 2024. 11. 29.

17 Ian Wells, "Town Hall Meeting Format – The Top 10 Benefits And 5
Important Risk To Avoid For Success", Loghic Events.

18 마이클 샌델 지음, 함규진 옮김, 《공정하다는 착각》, 와이즈베리, 2020.
12. 01.

19 "The Impact of Employee Satisfaction Surveys on Workplace Culture
and Productivity", Vorecol, 2024. 08. 29.

20 킴 스콧 지음, 석혜미 옮김, 《실리콘밸리의 MZ들》, 청림출판, 2023. 02. 07.

참고한 책들

김지혜 지음,《선량한 차별주의자》, 창비, 2019. 07. 17.

김현수 지음,《괴물 부모의 탄생》, 우리학교, 2023. 09. 25.

나카지마 요시미치 지음, 이지수 옮김,《니체의 인간학》, 다산북스, 2016. 09. 01.

나카지마 요시미치 지음, 김희은 옮김,《차별 감정의 철학》, 바다출판사, 2018. 01. 15.

데럴드 윙 수·리사 베스 스패니어만 지음, 김보영 옮김,《미세공격》, 다봄교육, 2022. 12. 27.

마이클 샌델 지음, 함규진 옮김,《공정하다는 착각》, 와이즈베리, 2020. 12. 01.

마이클 프렌티스 지음, 이영래 옮김,《초기업》, 안타레스, 2023. 04. 14.

송길영 지음,《시대예보: 핵개인의 시대》, 교보문고, 2023. 09. 25.

수전 케인 지음, 김우열 옮김,《콰이어트》, 알에이치코리아, 2021. 04. 09.

앤 헬렌 피터슨 지음, 박다솜 옮김,《요즘 애들》, 알에이치코리아, 2021. 10. 25.

장대익 지음,《사회성이 고민입니다》, 휴머니스트, 2019. 08. 23.

제시카 노델 지음, 김병화 옮김,《편향의 종말》, 웅진지식하우스, 2022. 11. 25.

조나단 말레식 지음, 송섬별 옮김,《번아웃의 종말》, 메디치미디어, 2023. 02. 13.

조너선 하이트 지음, 이충호 옮김,《불안 세대》, 웅진지식하우스, 2024. 07. 31.

킴 스콧 지음, 석혜미 옮김,《실리콘밸리의 MZ들》, 청림출판, 2023. 02. 07.

토드 로즈 지음, 노정태 옮김,《집단 착각》, 21세기북스, 2023. 05. 03.

해나 주얼 지음, 이지원 옮김,《꼰대들은 우리를 눈송이라고 부른다》, 뿌리와이
파리, 2024. 02. 23.